防災福祉先進国・スイス

災害列島・日本の歩むべき道

川村 匡由［著］

旬報社

はじめに

▼

　北海道南西沖地震から阪神・淡路大震災（兵庫県南部地震）、新潟県中越地震、能登半島地震、新潟県中越地震、中越沖地震、東日本大震災（東北地方太平洋沖地震）および東京電力福島第一原子力発電所事故、熊本地震、御嶽山噴火、そして、西日本豪雨——。

　この狭い日本で1993年以降、地震や津波、火山噴火、さらには史上初めての原子力災害まで発生し、改めて世界にまれにみる災害大国であることを痛感させられたが、じつは、首都直下地震や南海トラフ巨大地震などではこれら以上の大規模災害や「広域災害」の発生が懸念されている。それも今後、30年以内に70-80％の確率でマグニチュード（M）7 - 9クラス、震度6弱以上といわれているが、これに新型コロナウィルス・ショックが加われば日本の政治や経済、社会ともども危機的な状況となり、"日本崩壊"のおそれさえある。

　ところが、肝心の政府は国と地方の債務残高が2019年度末現在、約1120兆円にのぼり、世界最悪の借金大国となっているにもかかわらず、財政の再建による社会保障や災害対策の強化よりも日米軍事同盟の強化にともなう防衛費の増額や原発の再稼働、東京五輪の再度の開催、新幹線の延伸など土建型公共事業を強行、国民主権、基本的人権の尊重、平和主義を三大原則とする日本国憲法に反した政権運営に邁進している。また、このような権力の横暴をチェックすべきメディアは政権の言論の自由への干渉に反発せず、むしろ忖度した報道に終始しており、国際社会から危ぶまれている有様である。

　このようななか、防災福祉先進国として注目されているのがスイス連邦（スイス）である。なぜなら、外国軍の武力攻撃や大規模なテロリズム（テロ）などの有事や災害時に備え、官公庁や駅、空港、学校、病院、社会福祉施設などの公共施設はもとより、民家やホテル、劇場、商店街、スーパーマーケット（スーパー）などに核シェルターを整備したり、食料・飲料水などを長期に備蓄したりして防災および減災に努める一方、「永世中立国」として専守防衛と人道援助による平和外交、また、諸外国の被災地への共助に努

めているからである。

　そこで、このようなスイスにおける有事および災害時に備えた防災福祉の最新事情を紹介し、災害大国・日本における防災福祉コミュニティを形成すべく上梓したのが本書である。その意味で、本書がより多くの人たちに少しでも参考になり、日本がスイス並み、否、スイス以上の防災福祉コミュニティの形成、ひいては防災福祉国家を建設し、かつ国際貢献すべき方途となれば筆者としてこれにまさる喜びはない。

　なお、1スイスフランは110円で換算している。また、文中の写真は過去、約20年余りスイスや国内各地の被災地などで調査・研究した折、すべて筆者が撮影したものである。

　最後に、これまで長期にわたり筆者の調査・研究のため、ご協力いただいたアンジェロ・サイツ、ジュリダ・プルファー両夫妻をはじめ、アンナ・カタリナ・リサ議員など関係各位、および本書の編集から出版まで多大な労力をかけてくださった旬報社編集部の真田聡一郎氏に深く感謝したい。

　2019年初夏

社会保障学者・武蔵野大学名誉教授

川村　匡由

目 次

第 1 章

スイスの国勢

●❶● 地　勢

　スイスはヨーロッパのほぼ中央部に位置する内陸国で、ドイツ連邦共和国（ドイツ）やフランス共和国（フランス）、イタリア共和国（イタリア）、オーストリア共和国（オーストリア）などの列強に四方を囲まれている。国土の総面積は約4万1285km²と、ほぼ九州と同じ小国である。

　このうち約7割は山岳部で、ドイツやフランス、イタリアとの国境に「ヨーロッパの屋根」といわれる標高4000m級のアルプス山脈、イタリアとオーストリアの国境に同3000-4000mのベルニナ山群、フランスとの国境に標高1000-1700mのジュラ山脈がそびえており、断崖や渓谷、湖畔、牧草の丘陵地、高原を形成している。残りの3割は都市部などの平原・平地となっている（**資料1―①、写真1―①**）。

　プレートテクトニクス理論[1]によると、3億6000万-2億9000万年前の古生代の石炭紀、現在の北アメリカやローラシア大陸（ヨーロッパとアジア）とアフリカ、南アメリカ、インド亜（インド半島）、南極、オーストラリア各大陸がぶつかり、テチス海を突き上げ、アルプス山脈となった。そこへ新

資料1―①　スイスの位置

出典：日本政府外務省 HP、2018年。

写真1─①　ドイツやフランス、イタリアなどに囲まれたスイス
（後方は国境のベルニナ山群）

サン・モリッツにて

　たにアラビア半島やマダガスカル島を含んだゴンドワナ大陸が衝突、隆起した褶曲山脈が第四紀の氷河時代、氷河に浸食された。

　一方、2億8000-1億4500年前、アフリカ大陸がヨーロッパ、アメリカ両大陸に向けて東へ移動、褶曲して地殻が隆起、ジュラ山脈となったほか、ジュラ紀中期、スイスとイタリアの国境のペニン・アルプス山脈に炭酸塩岩[2]と深海軟泥[3]を堆積した結果[4]、スイスはこれらの山脈に抱かれるように標高1000mを超える断崖や渓谷、湖畔、丘陵地、高原、あるいはミッテルラント（平原・平地）となって現在の地形となった。おかげで地中海性気候や寒帯性気候、さらに大陸性気候と大西洋の海洋性気候を受け、年間を通して比較的安定している。このため、夏は涼しく、冬は穏やかだが、山岳部は厳冬となる。

　とりわけ、アルプス山脈や麓の高原、丘陵地などの山岳部と平原・平地の都市部では10-30度もの気温の差がある。また、近年の地球温暖化にともない、夏は20-30度になるかと思えば、冬は0度からマイナス10度に下がるこ

ともある。

　いずれにしても、スイスでは古来、人びとはこれらの湖畔や丘陵地、高原、平原・平地に集落を形成した。

●❷●　歴　史

　スイスの歴史は、北東部のシャフハウゼン・カントン（州）のデヒリンゲンで約15万年前、人骨が発見されたのち、紀元前の5300年ごろ、最古の集落が見つかったことに始まる。その後、同3800年に銅が発掘され、2300年ごろに青銅器時代、800年ごろに鉄器時代を迎えた。

　そして、4世紀に入り、各国との国境近くに紺碧の湖面をたたえるサン・モリッツ湖やレマン湖、ボーデン湖、トゥーン湖、ブリエンツ湖などでアルプス山脈以北の未開部族のゲルト人が床上家屋を湖畔に造り、湖畔集落を形成した。その後、断崖や渓谷、丘陵地、湖畔、高原に山上集落や峡谷集落、湖畔集落、平原・平地に一般住宅やビルなどの平原集落を形成、市街地化された（**写真1—②**）。

　ところで、スイスといえばだれしも思い浮かべるのが、チューリヒ湖南郊のヒルツェル生まれの女流作家、ヨハンナ・シュピリの童話「アルプスの少女ハイジ」ではないだろうか。この物語の舞台となるマイエンフェルトはリヒテンシュタイン公国（リヒテンシュタイン）との国境にある。もう一人、スイスの著名人にイタリアの作曲家、ロッシーニの歌劇「ウィリアム・テル」の主人公の弓の名手、ウィリアム・テルがいる。こちらは実在したかどうかは定かでないものの、スイスでは今も国民的な英雄として慕われている。

　スイスの建国は709年であるが、6世紀以降、ゲルマン人の部族、フランク人によって建てられたフランク王国およびゲルマン民族の一派、ブルグンド族が建設したブルグンド王国に支配された。その後、11世紀、ルドルフ1世を君主とするハプスブルク家の最初の神聖ローマ帝国に支配されたものの、自由と自治を求める機運が高まり、1291年8月1日、シュヴィーツ、ウーリ、ウンターヴァルデンの原初三邦が盟約、アイトゲノッセンシャフト（誓約者同盟・盟約者同盟）を結成、独立した。毎年8月1日がスイスの

写真1―②　集落がたたずむ湖畔や丘陵地

トゥーン湖にて

「建国の日」とされているのはこれを祝うものである。

　しかし、14世紀に入るとオーストリアのハプスブルグ家の支配下におかれた。また、各州の間で宗教改革をめぐる内紛が生じ、16世紀、神聖ローマ帝国の一部となった。

　それでも、1648年にヴェストファーレン条約[5]によって正式に神聖ローマ帝国から独立を勝ち取ったが、もともと山国で耕作地や天然資源が少ない"アルプス不毛の地"だった。このため、人びとは限られた耕作地での牧畜などの農業や織布、刺繍などの家内労働、あるいはバチカン市国の傭兵やドイツ、フランス、イタリア、スペイン王国（スペイン）などの農家に出稼ぎをして生計を立てたほか、チーズ職人などとしてアメリカ合衆国（アメリカ）やロシア連邦（ロシア）に移住した者もいた。スイス中部のルツェルンのシンボル、砂岩の崖に刻まれた「瀕死のライオン」はルイ16世とその家族を守り、死んだスイスの傭兵たちの悲劇を描いた記念碑である。

　16世紀末、フォンテーヌブローの勅令[6]がフランスで発せられ、中産市民

層のカルヴァン派の新教徒やユグノーの時計職人がジュネーブ近郊に亡命し、すぐれた美意識と卓越した技術を持った彫金やエナメル細工などの職人たちに時計細工の技術を伝授した。この結果、時計産業として振興し、17世紀後半、スイスの時計産業は一躍、高級腕時計の「SWISS MADE」の名で世界的なブランドとなった。

　その後、フランス革命における「自由・平等・友愛[7]」の理念の影響を受け、スイスの各地でも宗教革命をめぐって各州が対立、約500年続いた誓約者同盟は1798年に崩壊し、フランス総裁政府の圧力を受けた集権主義の傀儡国家、ヘルヴェティア共和国がルツェルンで成立した。もっとも、同共和国はスイスの伝統的な国民の自治と連帯による分権主義になじまず、再び内乱状態となった。そして、ナポレオンの調停によって新たに19の州からなる連邦制となり、誓約者同盟が復活、1815年にウィーン会議でスイスの独立と中立を承認する「永世中立国」となった。

　そして、1848年に制定された連邦憲法が1874年と2000年に相次いで改正され、連邦内閣が誕生したのちの1920年、国際連盟に加盟したが、加盟国の義務と永世中立との矛盾を痛感して脱退した。その後の1992年、国際通貨基金（International Monetary Fund：IMF）および世界銀行（世銀）に続き、2002年、国際連盟に代わった国際連合（United Nations：UN、国連）に加盟し、国民の自治と連帯にもとづく分権主義および直接・半直接民主制（政）とし、国土の維持や国境の警備、環境の保全、家並みの保存のための農業の保護、時計産業による持続可能な国づくりが推進された。

　また、1881年、イタリアと北ヨーロッパを結ぶゴッタルド山塊（同1000m級）をくり抜いたゴッタルド鉄道トンネル（総延長約15km）が完成したほか[8]、強力な軍事力を背景に各国との間の金融取引も活発化し、19世紀には、グレートブリテンおよび北アイルランド連合王国（イギリス）に次ぎ、ベルギー王国（ベルギー）とともに世界で2番目の産業革命を遂げた。さらに、ヨーロッパ大戦（第二次世界大戦）にともない、ドイツを東西に分断していた「ベルリンの壁」が1989年に崩壊、冷戦が終結し、その後のヨーロッパの政治情勢の変化により、スイスの市民保護が拡充された。

　ちなみにスイスの国名は1291年、ハプスブルク家の支配に対抗、ウーリ、ウンターヴァルテン、シュヴィーツの3つの原初三邦が安全保障を誓約して

写真1—③　国名の由来となったシュヴィーツ

シュヴィーツにて

スイス連邦が誕生し、その後、23の州が加わり、現在に至っている。国名の
スイスはアルプスのミーテン山麓（同約500m）の平原集落、シュヴィーツ
に由来する（**写真1—③**）。

●❸●　民族・宗教・公用語・人口

　民族的には、ドイツ語圏の人びとは5世紀、土着のケルト人に北からやっ
てきたゲルマン系のアレマン人と混血した。これに対し、フランス語圏の人
びとは同じ時期、ゲルマン系のブルグント人によって支配された。

　一方、イタリア語圏の人びとはゲルマン系のランゴバルド人、ロマンシュ
語圏の人びとはケルト系のラエティア人の地域の名残とも考えられている。
このため、スイス人は総じてゲルマン民族で占められる混成の民族というこ
とができる。

　ただし、その後、旧ユーゴスラビア諸国の出身者や中東のトルコ共和国
（トルコ）人、さらには近年、シリア・アラブ共和国（シリア）などの難民

約3500人も交じっており、その割合は全人口の約2割に及んでいる。このため、スイスは"移民の国"といえなくもない。

いきおい宗教もその流れを受け、キリスト教徒が大半で、このうちカトリックは全体の人口の約43%、プロテスタントは同35%を占める。残りはイスラム教や正教会、ヒンドゥー教、仏教、ユダヤ教だが、無宗教の者もいる。

公用語はドイツ語、フランス語、イタリア語、ロマンシュ語の4つだが、山岳部でも英語が通じる。このため、ややもすれば複数の民族や宗教、公用語を有するとあって文化も生活様式も異なる。

そこで、一般的には意見が対立し、内紛を招きかねないはずだが、スイスは周囲をヨーロッパの列強に囲まれ、様々な紛争に見舞われた長い歴史、また、国土の約7割が山岳部で耕作地が少ない立地とあって、国民は可能な限り1ヶ所の土地に定住し、助け合いながら生活を営み、自立と連帯を図っている。しかも総じて質実剛健で、かつ勤勉性に富んでいる。

ちなみに、第二次世界大戦前から戦中にかけ、スイスは戦争に巻き込まれないよう独立を維持し、国境やアルプス山脈の山中に要塞を建設するとともに、国民に対して核シェルターを地下に設けて食料を6ヶ月[9]備蓄するよう促し、ナチス・ドイツ軍など外国軍が侵攻してきた場合、兵士や予備兵、民兵を動員して撃退する総合安全保障の体制を確立した。

半面、ナチス・ドイツと占領国から逃れてきた人びとを支援したとはいえ、多くのユダヤ人難民の入国は政治的な亡命者ではない、あるいは難民の数が多すぎるなどの理由で拒否したほか、ドイツに軍備を供給したことにともない、戦争を長引かせた責任は免れない[10]。このため、その後、このような難民も受け入れるようになった。

また、プライベートバンク（個人銀行：匿名口座）[11]の存在には国際社会からの批判もあるものの、スイスはドイツ、フランス、イタリア、ロマンシュの4か国語を公用語としながらも、この伝統的な国民の自治と連帯にもとづく分権主義をベースに、かつそれぞれの歴史や文化を理解し、民族的な統合を図る多言語・多文化共生の連邦共和制の分権国家を樹立した。それはまた、常に国土の最悪の事態を想定し、意思決定する行動力、そして、何よりも「アルプスの国」という特異のナショナル・アイデンティティのもと、"異文化共生の国"として発展を遂げ、今日に至っている。国内のどこへ行

写真1―④　国内のどこでも見られる連邦政府の旗など
（中央下はブリエンツ湖）

ハルダークリムにて

っても連邦政府、地元の州政府、および基礎自治体の旗が必ずといっていい
ほど掲げられているのはその証左である（**写真1―④**）。

　総人口は2020年3月現在、約857万人で、大阪府とほぼ同じ規模である。
このうち、約3分の2は平原・平地の都市部、残りの3分の1は高原や湖
畔、丘陵地に住んでいるが、全人口の1割はアルプス山脈などの断崖や山上
などの山岳部で農業や観光業で生計を立てており、人口密度が高い。

　首都は中世の町並みを今に残し、全体が「世界遺産」に登録されているベ
ルンだが、人口は約13万人と少ない。これに対し、最多はチューリヒで約38
万人、以下、パレ・デ・ナシオン（国際連合：国連欧州本部）をはじめ、国
際労働機関（International Labour Organization：ILO）や世界保健機関
（World Health Organization：WHO）、赤十字国際委員会（International
Committee of the Red Cross：ICRC）、国連国際防災戦略（United Nations
Office for Disaster Risk Reduction：UNISDR）など国際機関が約20もあるジ
ュネーブ、ドイツ、フランスと接するライン川最初の架橋のまちのバーゼル

資料1―②　スイスの州と主な都市

出典：日本政府外務省 HP、2018年。

写真1―⑤　「世界遺産」に登録されている首都のベルン

旧市街の時計塔前にて

の各約20万人、国際オリンピック委員会（International Olympic Committee：IOC）の本部があるスイス最大の湖、レマン湖畔のローザンヌが約15万人などと続いている[12]（**資料1―②、写真1―⑤**）。

●❹●　行　政

（1）連邦政府

　スイスは分権国家で、行政組織は連邦政府、カントン（州政府）、ゲマインデ（基礎自治体）の三層構造からなっている。

　このうち、中央の行政組織は連邦政府で、立法、行政、司法からなる三権分立のもと、連邦参事会（国会）をベルンに設置している。連邦議会は最高機関とする議会統治制で、国民議会（下院：定数200）と26[13]の州の代表からなる全州議会（上院：同46）の計246人の議員で構成する二院制を敷いている。

　これらの議員は直接・半直接民主制のもと、スイスの国籍を持つ18歳以上（成人）の有権者による直接選挙（比例代表制）で選ばれる。しかも、だれでも立法案を発議し、10万人以上の有権者の署名が集め、全国レベルの国民投票に持ち込み、新しい立法案を審議するよう、提出することができる。これをイニシアチブ（国民発議）という。

　任期はいずれも 4 年で、解散はなく、年に 4 回、計 3 週間にわたって開かれる定例会議のほか、各委員会などの公務に出席する。大統領はこの 7 人の閣僚の中から順番制で任命され、 1 年の任期を務める。1999年には初の女性大統領が誕生した。女性議員は例年、国民議会の 3 分の 1 、全州議会の 4 分の 1 を占める。

　いずれも専業職ではないため、ほとんどの議員は労働時間の約 6 割を議員活動に当て、残りの同 4 割は金融業や情報通信（IT）業、観光業、貴金属商、不動産業など一般の職業を兼業しているが、どちらかといえばこちらのほうがむしろ本業で、かつボランティア活動に努めている。歳費（給与）は基本給プラス歩合制となっているため、年額約 6 万6000スイスフラン[14]（726万円）、最高でも同13万8000スイスフラン（1518万円）にとどまっており、世界一高額といわれる日本の国会議員の同2200万に比べ、格段に低い[15]。

　ちなみに、議会の勢力分野はここ数年、スイス国民党（Schweizerische Volkspartei：SVP）、社会民主党（Sozialdemokratische Partei der Schweiz：SP）、急進民主党（Freisinnig-Demokratischen Partei.Die Liberalen：FDP）、

図表1―①　各行政体と所管する政策

行政体	所管する政策
連邦政府	外務、司法・警察、内務、環境・運輸・エネルギー・通信、財務、国防・国民保護・スポーツ、経済・教育・研究
州政府	教育、医療、文化、環境保護、交通、社会保険等
市町村	教育、保健・福祉・交通、住民管理、住民生活の安全確保、直接税・間接税の徴収等

出典：拙著『脱・限界集落はスイスに学べ』農山漁村文化協会、2016年、p.89

キリスト教民主（国民）党（Christlich Demokratische Volkspartei：CVP）、緑の党（Grüne Partei der Schweiz：GV）の順となっているが、単独で過半数を占めている政党がなく、拮抗（きっこう）しているため、連立政権となっている。

　行政組織は外務、司法・警察、内務、環境・運輸・エネルギー・通信、財務、国防・国民保護・スポーツ、経済・教育・研究の計7つの省からなり、国会における合同会議で主要四政党から外務2、環境・運輸・エネルギー・通信2、財務2、その他1の割合で国務大臣（閣僚）となり、1年ごとに議長を務める（**図表1―①**）。

　なお、連邦政府に独立した機関として連邦裁判所をはじめ、科学評議会やスイス国立銀行（Schweizerische Nationalbank：SNB）[16]、公共のスイス放送協会（Schweizerische Radio- und Fernsehgesellschaft：SRF）がある。

　一方、これらの財源、すなわち、歳入（収入）となる国民が納める税金は連邦政府1に対し、州政府と基礎自治体は3、また、州政府と基礎自治体では3対1の割合に配分されている。このため、国民生活に関わる制度の創設や政策の実施に必要な行財政の権限は連邦政府よりも州政府や基礎自治体のほうが強く、連邦政府は自治権を持つ"州政府の集合体"といえ、日本のように政府の意向にもとづくトップダウンによって制度の創設や政策の実施、さらには市町村を強制合併し、財源が削減されるようなことはない。

　これに対し、歳出（支出）は教育、保健、社会保険の順に高い比率を占める。なかでも教育は全体の4分の1と高く、世界トップレベルの教育水準を誇っている[17]。また、州政府と基礎自治体との歳出の割合を比べると州政府は警察・消防、産業、農業の分野で高い。

　なお、連邦政府は外国の企業が本社をスイスへ移した場合、法人税を減額

する優遇措置を講じているが、これは貿易や投資にもたらす歪み^{ゆが}や自由、かつ公平な租税の競争に及ぼすとして経済協力開発機構（Organisation for Economic Cooperation and Development：OECD）の有害税制リストに挙げられている。また、いまだに欧州連合（European Union：EU）に加盟していないため、ヨーロッパの各国から非難されていることは周知のとおりである。

　しかし、1992年から20ヵ国を超える二国間協定についてEUと交渉する半面、南東欧安定化協定（Stability Pact for South Eastern Europe：SPSEE）の加盟国として、東欧のEUの新加盟諸国のため、設けられた結束基金にこれまで10億スイスフラン（約907億円）以上を出資し、スイスが不利な立場におかれないよう、貿易を含めた多くの領域でEUとの調和を図っている。もっとも、EUに加盟すればスイスの直接・半直接民主制として頻繁^{ひんぱん}に採用されている国民発議、および国民投票の見直しに迫られるおそれがあることもEUへの非加盟にこだわる理由ともなっている。

　いずれにしても、第二次世界大戦（アジア太平洋戦争）から約75年以上経っているものの、いまだにアジアの一員でありながら対米従属を強め、中華人民共和国（中国）やロシア連邦（ロシア）、朝鮮民主主義人民共和国（北朝鮮）などと対峙^{たいじ}している日本と比較すれば、スイスならではの"したたかな外交・経済政策"と評価すべきである。

（2）州政府および基礎自治体

　地方の行政組織は2017年3月現在、26の州政府と2240の基礎自治体に分かれている。

　このうち、州政府は連邦憲法とは別に州ごとの州憲法や法律、議会、裁判所を有し、教育や保健、社会保険、文化、環境、交通などの政策の決定権を持っている。これに対し、基礎自治体は州政府ごとに構成する行政区として位置づけられており、教育や保健、交通などは州政府と連携するものの、福祉や戸籍など住民の管理、住民生活の安全の確保、直接税・間接税の徴収などは独自に実施している（**前出・図表1—①**）。

　具体的には、教育や保健、社会保険、文化、環境、交通は州政府により設定された範囲のなかで基礎自治体の長をトップとする委員会によって決める

写真1—⑥　連邦政府とは別に州憲法などを定める州政府
（手前はトラム（路面電車））

チューリヒにて

が、1990年代半ばに連邦政府の補助金を廃止し、山岳部の場合、救急医療や
ゴミの処理、火葬場の運営などは複数の基礎自治体が広域連合や自治協議
会、あるいはタルスシャフト（峡谷共同体）を結成し、実施している。この
ため、政府が地方交付税交付金や補助金を通じ、都道府県や市町村を統制し

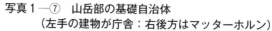

写真1—⑦　山岳部の基礎自治体
（左手の建物が庁舎：右後方はマッターホルン）

ツェルマットにて

ている集権国家の日本とは異なる[18]（写真1—⑥、写真1—⑦）。

　州政府や基礎自治体も連邦政府と同様、直接・半直接民主制を敷いている
ため、イニシアチブ（州民発議）によるレファレンダム（州民投票）を実施
している[19]。人口が少ない山部の基礎自治体では広場でライツゲマイン
デ（青空議会）を開き、全住民の参加のもと、議会の議長などの司会により
個々の制度や政策ごとに賛成、または反対のプラカードを掲げ、その場で採
決しているところもある。

　なお、州政府議員の歳費は年間計約3万5000スイスフラン（同385万円）、
基礎自治体議員の場合、同2万スイスフラン（同220万円）、山岳部の場合、
同450スイスフラン（同5万円）というところもある。この基本給に議会や
委員会などの出席ごとに歩合給が加算されるものの、実質的にはボランティ
ア活動といった側面が強い[20]。

　ちなみに、州政府や基礎自治体の女性議員は連邦政府議員とほぼ同様、4
人に1人となっている。

　また、公務員は連邦政府、州政府、基礎自治体を問わず、2001年に終身雇用制（定年制）が撤廃された。採用後、4年間は任期制で、その後は本人の意思や能力、在職中の実績による自由契約制となっている。勤務は完全週休2日制で、団結権や団体交渉権、団体行動権（争議権）が企業・事業所の職員と同様、保障されている。

●❺●　産　業

（1）農業

　上述したように、スイスは国民の自治と連帯にもとづく分権主義や直接・半直接民主制のもと、国内産業の持続可能な発展に努める国づくりを推進している。

　このうち、まず農業だが、古来より高原や湖畔、丘陵地を牧草地や宅地として切り拓き、山上集落や湖畔集落を形成、乳牛や山羊を飼育、バターやチーズ、ソーセージ、ジャガイモを栽培したり、周辺の山林を伐採して建築資材に製材して出荷したり、織布や刺繍などの家内労働に精出したりするぐらいしか、これといった産業がなかった。このため、飢餓の危機から逃れるべく、16世紀以降、バチカン市国の傭兵やドイツ、フランス、イタリア、スペインなどへの農業の出稼ぎによって生計を立てたが、それでも生活はきわめて不安定だった。

　その後、時計産業が興ったが、綿工業は1920、1930年、二度にわたる経済危機を招いて失業者が増大し、都市部のサラリーマンとの所得格差は歴然となった。このため、連邦政府は1992年、関税および貿易に関する一般協定（General Agreement on Tariffs and Trade：GATT）におけるウルグアイラウンド（Uruguay Round：UR）[21]の合意に先立ち、欧州共同体（European Union：EC、現 EU の前身）への加盟の可能性をにらみ、従来の価格の維持から農産物の輸入量の制限や関税の削減を通じ、農産物の価格の低下にともなう農業所得の減少を一般直接支払い、および近年の地球温暖化にともなう農業や観光業などの経済活動、動植物の生態系への影響を重視し、エコロジー（環境）直接支払いにより補償する制度を導入した。

　具体的には、限られた国土の維持や国境の警備、環境の保全、さらには自

写真1―⑧　牧草の丘陵地で牧畜を営む農家の人たち

ギンメルワルトにて

然災害の防止に努めることを義務づける半面、凶作や不作であっても有事や
災害時の国民の食料の確保も考え、平均的な農家の農業所得は75％、山岳部
の農家のそれは100％と都市部のサラリーマンよりも年収が多めの戸別所得
補償[22]を実施し、今日に至っている。このため、日本のように少子高齢化
や離農によって都市部に人口が流出して過疎化し、限界集落となるようなこ
とはない[23]（**写真1―⑧**）。

　この結果、スイスは世界でもまれにみる狭小の内陸国とはいえ，食料自給
率（カロリーベース）は2018年現在、60％と、日本の37％をはるかにしのい
でいる。また、有事における国民の飢餓に備え、各国との貿易を重視し、平
常食はもとより、非常食においても連邦政府と輸入業者との長期契約により
安定供給に努めている。

（2）時計産業

　農業に続き、16世紀末に新たな基幹産業として浮上したのが上述した時計
産業で、18世紀、イギリスで世界初となった産業革命は、ここスイスでも19

写真1—⑨　世界的なブランドの時計産業

SBB シエラ駅にて

世紀に入り、従来の農業や綿工業などと併せ、ベルギーとともに世界で2番目の産業革命を迎える契機となった。

　ちなみに、スイス時計協会（Federation of the Swiss Watch Industry：FH）の調査によると、2015年時点でスイスの腕時計生産量は年間約3000万個、また、売上高は世界の腕時計市場の全体の5割以上をスイス製の時計が占めている。価格も同調査では1000スイスフラン（110万円）以上の腕時計の約95％がスイス製と推定されている。

　なかでも老舗時計メーカーの一つ、「ロレックス」は世界的なトップブランドで、同年の売上高は同50億スイスフラン（5500億円）に達しており、他の追随を許さない。そればかりか、偽造品が出回る始末であるため、同協会はこれをチェックし、スイスブランドに傷がつかないよう、注意を払っているほどである。（**写真1—⑨**）。

（3）金融業

　じつは、スイスには中世からの金融の歴史もある。現在の金融の先駆けと

なった購買生活協同組合（生協）は1865年、山岳部や丘陵地の農業の経営者によって組織化された。

また、これとほぼ同時期の1899年、農家や農作物の卸売り・小売業者などの有志により、非営利のライファイゼンバンク（協同組合銀行）がチューリヒに設立された。

これに刺激されたのが19世紀初頭、自動車による食料品などの移動販売業から都市部の家庭の主婦らの支援を受け、バーゼルとチューリヒに設立された「コープ・スイス（Coop Schweiz）」、「ミグロ（MIGROS）[24]」の二大生協である。

この二大生協の組合員数は2017年現在、総人口の約半分に当たる計約470万人にのぼる。その組織力を生かし、食料品はもとより、生活用品や家庭用電気機械器具（家電製品）、園芸用品の販売や不動産業、旅行業、カルチャーセンターなどへと事業を拡大し、都市部は7‐8階建て、地方は3‐5階建て、山岳部はコンビニエンスストア（コンビニ）並みの店舗を構え、店頭販売やデリバリー（宅配）が今も行われており、国内の小売業の年間売上高の約4割に相当するまで発展している。

一方、金融業ではバチカン市国の傭兵が報酬を母国の家族に送金、これを両替えする必要から為替が発達し、貸金業やマーチャント・バンキング（不動産投資運用など）、さらには世界の富裕層や資産家を中心とした各国との間の金融取引も活発となり、国際金融決済システムの基盤づくりへと奏功した。また、これらの受け皿として、1907年、スイス連邦の中央銀行であるスイス国立銀行（SNB）がベルンやチューリヒに設立された。

その後、1988年、スイスユニオン銀行とスイス銀行コーポレーションが合併したグローバル金融機関、スイス銀行（UBS）[25]が創業したほか、個人の貯蓄を引き受ける公益的な金融機関の貯蓄銀行も業界に参入し、かつ保険業も誕生した。また、世界の富裕層や資産家が巨額の預貯金をプライベートバンクに振り込むなどして発展し、スイスは一躍、世界有数の金融大国にのし上がった。

その背景にはスイスの軍事力への評価や治安のよさ、国民の伝統的な自治と連帯の強さ、さらには質実剛健な国民性に裏づけられた金融取引の守秘義務に関する徹底、行員の業務の資質や教育レベルの高さ、監督官庁の金融機

関に対する厳格な姿勢、関係機関とのよりよいサービスと質の向上、利用者に有利な手数料の割安感が評価され、多くの国民もその預金者となったことにある。

　現に、世界の億万長者の100人に１人はスイスに在住、またはプライベートバンクを利用しているほか、世帯の全体の9.5％が100万ドル（約１億2000万円）以上の金融資産を保有しているといわれている[26]。フィリピン（フィリピン共和国）の第10代フィリピン共和国大統領、故フェルディナンド・エドラリン・マルコスもその１人だった。

　おかげでスイスの１人当たりの名目国内総生産（Gross Domestic Product：GDP）は2018年10月現在、８万1829.73スイスフラン（900万1270円30銭）、実質GDPは同８万2931.35スイスフラン（912万2448円50銭）とルクセンブルク大公国（ルクセンブルク）に次ぎ、世界第２位である[27]。なかでもチューリヒはロンドンやニューヨーク、中華人民共和国香港特別行政区（香港）、シンガポール共和国（シンガポール）、東京に次ぐ同６位の国際金融都市として世界中に知られている。

　ただし、ここ数年、ギリシア共和国（ギリシア）やイタリア、スペインなどヨーロッパ各国における債務危機で成長率が鈍化しつつあるため、スイス経済もここへきてやや減速傾向にある。それでも、国際通貨基金（IMF）によると、スイス国内の銀行が運用する総資産は2011年末現在、約５兆3000億スイスフラン（583兆円）である。また、スイス銀行の国内総資産に占める外貨建て資産の割合は2012年現在、約80％を超え、全産業の雇用者の年収は2018年現在、5890スイスフラン（約647万9000円）に達している[28]。

　一方、紡績や織機、冶金、旋盤工業から発展した機械産業や繊維・衣料産業、さらには軍需（兵器）産業が加わり、貿易・輸出額は2011年現在、226億0700万ドル[29]（２兆7128億4000万円）であるのに対し、輸入額は1957億9100万ドル（23兆4949億2000万円）で、経常収支は795億3700万ドル（９兆5444億4000万円）をマーク、スイスは世界で最も国際競争力の高い国の１つとされている。これにともない、実質GDPの成長率も2013年1.9％と、2008年にアメリカの投資銀行、リーマン・ブラザーズ・ホールディングスが経営破綻したことに端を発した世界的なリーマン・ショックにともない、一時、マイナス2.87％に乱降下したことを除けば、ここ数年、2.0％前後で推移し

写真1─⑩　生協の銀行もあるスイス

チューリヒのコープ・スイスにて

ており、スイス経済は引き続き堅調である（**写真1─⑩**）。

　ただし、前述のように、スイスはEUはもとより、欧州経済領域（European Economic Area：EEA）、欧州自由貿易連合（European Free Trade Association：EFTA）のいずれにも加盟していない。このため、「永世中立国」としての外交・経済政策と矛盾するのではないかなどの指摘を受けているが、ヨーロッパの国家間において国境検査なしで国境を越えることを許可するシェンゲン協定（Schengen agreement）に加盟している。

　また、東欧のEUへの新たな加盟諸国のため、設けられた結束基金にこれまで約10億スイスフラン（同907億円）以上を出資している。さらに、貿易を含めた多くの領域でEU法との調和を図るなど、経済的な豊かさを保持するための各種規定や基準の整備に国際的な影響を与え、広く貢献している。

　もう一つはスイス経済を支えている軍需産業で、国営の兵機製造会社「ルアク」など約550社を有し、パキスタン（パキスタン・イスラム共和国）やドイツ、デンマーク（デンマーク王国）、サウジアラビア（サウジアラビア王国）など計約70か国に輸出しており、その額は2017年現在、約446万8000

万スイスフラン（４億9148万円）にのぼっている[30]。このため、一部の国民から批判を受けているが、Global Firepower の「2018年　軍事力ランキング」によれば世界第33位にとどまっており[31]、かつ武装中立といっても核兵器は保有していない。

また、これまで２度にわたる世界大戦も含め、過去400年、一度も参戦していない。そこで、戦費に代わる国庫をはじめ、時計産業や金融業の振興など国内経済の向上によって得た膨大な資金、および世界屈指の高度な土木建設工事の技術により国境に接する山岳部を造成、交通インフラストラクチャー（インフラ）の整備・拡充によって運輸業を興し、農業の持続可能性や時計産業、金融業など今日の国内産業の発展に寄与した。

（4）運輸業

このうち、運輸業は1844年、ドイツやイタリア、オーストリアなどの有能な技術者が相次いでスイスに亡命し、チューリッヒ-バーゼル間、また、1898-1912年、グリンデルワルト-ユングフラウヨッホ間（標高1234-3454m）に山岳鉄道を全線開通した。さらに、これと相前後する1871-1881年、マッターホルン・ゴッタルド山岳鉄道（Matterhorn-Gotthard-Bahn：MGB）のトンネルの建設など国家的なプロジェクトを推進したり、1898-1912年、クライネ・シャイデック-ユングフラウヨッホ間（標高2061-3454m）の山岳鉄道の全線開通を遂げたりした。

このほか、1902年、スイス連邦鉄道（Schweizerische Bundesbahnen：SBB）をスイス全土で運行、他の公営鉄道や民間鉄道の計約50社もこれに併せ、都市部でトラムやトロリーバス、山岳部でポストバス（Postauto：PTT）や登山電車、ロープウエー、フニクラ（ケーブルカー）、湖船[32]を整備し、かつ SBB と接続させ、アルプス山脈越えの貿易やイギリスの王侯貴族や文豪、音楽家、さらには内外の観光客や登山者の誘致で地域の活性化を図った。その背景には第二次世界大戦前、ドイツやイタリア、オーストリアなどから有能な技術者がスイスに相次いで政治亡命し、交通インフラの整備・拡充にあったことも無視できない。

しかも、その技術は世界トップクラスで、ルツェルン郊外のアルプナハシュタットから標高差1635m のピラトゥス山（標高2128m）の山頂まで最大勾

配480％、角度25.6度と世界一急勾配のピラトゥス登山鉄道（Pilatusbahn：PB）が1889年に開通、また、グリンデルワルト上部のクライネ・シャイデックからアイガー（標高3970m）とメンヒ（標高4099m）を貫くトンネルを抜け、ヨーロッパ最高地点のユングフラウヨッホを結ぶ全長約9.3kmのユングフラウ鉄道（Jungfraubahn：JB）が1912年に全線開通したことでもわかる。それも、2006年に中華人民共和国（中国）・チベット自治区の中国国鉄のタングラ駅などができるまで、世界一高所の駅として君臨していた（**写真1—⑪**）。

　一方、連邦政府は1906年、中世の郵便馬車の歴史を引き継ぐPTTを国営（郵政省）事業として引き継ぎ、全国を5つの管轄区域に分け、計1879台を全土で運行し、郵便物の回収と国民の移動手段として確保した。このPTTは、1998年に連邦政府下の郵便・通信所事業体が通信システム会社「スイスコム」と郵便・銀行・旅客輸送部門の「ポストバス」に分割・民営化されが、スイス全土で計5管轄区、901路線、2000台以上が年間延べ1万1249kmを運行、年間約1億2930万人の乗客を運んでいる。

　また、2010年にハイブリッドバスを、2012年以降は全車両を燃料電池車に切り替えるなど環境にも配慮している。しかも、山岳部では現在も運転手がバス停留所で停車の合間、停留所に設置されたポストの郵便物を回収したり、配達したりしているため、住民にとってなくてはならない交通インフラとなっている。

　おかげで、スイスではマイカーなしでも全土で生活が可能なため、自家用車の普及率は国民1000人当たり516台にとどまっている。そればかりか、ここ数年、都市部のサラリーマンが牧歌的で、かつ景観美にすぐれた山岳部に移住し、農業や観光業に就業したり、情報通信（IT）産業に従事したりしているほか、外国人観光客も頻繁に往来しており、日本の農山村にみられるような過疎地域や限界集落はない。それもそのはず、スイスでは仮に利用者が減り、赤字路線となっても連邦政府が補助金を出して廃止せず、公営および民営鉄道なども事業を継続し、住民や旅行者の足を確保しているからである（**資料1—③、写真1—⑫**）。

　この結果、「スイスでは国内のいずれの民家からでも16km先にSBBなどの鉄道の駅やPTTのバス停、幹線道路がある」、あるいは「どのような山岳

写真1—⑪ 100年以上前、アイガーとメンヒをくり抜いた登山鉄道

クライネ・シャイデックにて

部でも住民の75％以上が1時間以内に州都へ、さらに、30分以内に周辺の中核都市に出られる」と国際社会にいわしめているほど交通インフラが充実している。また、2016年、総工費約230億スイスフラン（2兆5400億円）を投じ、ゴッタルド峠（標高2108m）に新たなトンネルを掘り、アルプス山脈を縦貫する世界最長の新アルプス横断鉄道トンネル計画などの巨大プロジェク

33

資料1─③　全土に張りめぐらせた鉄道網

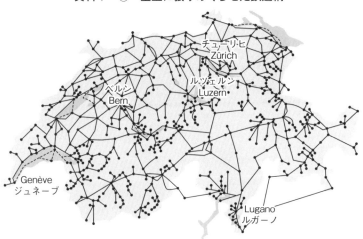

出典：http://www.swissworld.org/jp/people/women/politics_today/、2014年。

写真1─⑫　山岳部の住民の足となっている PTT

ヴィソエにて

写真1─⑬　交通インフラが充実しているスイス（右はトラム）

SBB チューリヒ中央駅前にて

トを成功させた。それもこれも連邦政府が1978年に策定した「総合交通計画
（GVK）」、および世界トップレベルの土木建設工事と鉄道の技術のなせる業
である。

　一方、都市部ではトラムやトロリーバス、PTT のほか、ドイツやフラン
ス、イタリア、オーストリアなどを結ぶ国際列車の相互乗り入れを実現して
いるため、スイスでは自動車よりも SBB やトラム、PTT の利用客のほうが
多い。まさに鉄道王国・スイスたる圧巻である。

　また、都市部の駅前や役所、博物館、教会にはドイツやフランス、イタリ
ア、オーストリアなどと同様、自動車を締め出した広場があり、人びとは車
の交通や排気ガスなどを気にせず、オープンカフェとして団欒しており、日
本のように人間が自動車に遠慮している車社会とはなっていない（**写真1─
⑬**）。

（5）観光業

　上述したように、スイスでは都市部では SBB やトラム、トロリーバス、

写真 1 ―⑭　世界的な観光大国のスイス（後方はアイガーとメンヒ）

アンメルトフーベルにて

PTT、山岳部ではこれらの交通機関や登山電車、ケーブルカー、ロープウエー、湖船がダイヤグラム（規格ダイヤ）によって互いに15分前後で接続し、全国を網の目のようにネットワーク化されている。このため、利用者は時間の浪費もせず、国内のどこへでもスムーズに移動することができる。

　また、都市部では高級ホテルやビジネスホテル、ショッピング街、オープンカフェ、山岳部ではリゾートホテルやシャレー（貸し別荘）、ガイゼンドルフ（ユースホステル）、ファームステイ（農家民宿）、キャンプ場、レストラン、土産物店が続々とオープンしているほか、毎年のように各地で増改築や新築を繰り返している。このため、仕事で出張したり、駐在したり、また、観光や登山で訪れたりした外国人のスイスに対する評価は「すばらしい」と絶賛の声、あるいは「一生に一度はスイスに行きたい」と羨望の的になっている（**写真 1 ―⑭**）。

　一方、空路はチューリヒをはじめ、ジュネーブ、ベルン、エンガディン、シオン、ルガーノの 6 ヶ所にスイス・インターナショナルエアラインズ（Swiss International Air Lines：SWISS）など計 7 社が国際線や国内線を運

航、毎日のように内外の主要都市を結んでおり、こちらも金融および観光大国・スイスの一翼を担っている。このような国をあげての農業の保護や交通インフラの整備・拡充は、隣国のドイツにまさるとも劣らぬ国民の自治と連帯による環境の保全や町並み、および家並みの保存などの成果をも生んでいる。

　たとえば、マッターホルン（標高4478m）の登山基地、ツェルマットでは第二次世界大戦後間もない1947年、地元の住民運動により軍事車両や消防車、パトロールカー（パトカー）、救急車などの緊急車両や業務用の車両を除き、ガソリン車の乗り入れを全面的に禁止し、昔ながらの馬車のほか、電気自動車のタクシーの運行しか認めていないカーフリーリゾート（マイカー規制）を世界で初めて導入した。その後、都市部におけるマイカーの乗り入れにともなう交通の緩和や窒素酸化物（NOx）の排出量を抑えるパークアンドライド・システム[33]の導入、また、パンの原料であるライ麦をネズミがかじってもびくともしないよう、シュターデト（ネズミ返し）用の鉄平石を設けた中世の高床式穀物倉庫群の保存に努めるべく、住民運動にも取り組んでいる（**写真1—⑮**）。

　一方、国際的リゾート地、サン・モリッツ−ピッツネイル（標高3056m）間を結ぶレーティッシュ鉄道（Rhätische Bahn：RHB）は線路の側面にソーラーパネル（太陽光電光板）を設け、環境保全に努めている。また、都市部や山岳部のホテルやレストラン、スーパーなどの事業者も利用者の協力を得て、積極的に不用品の再利用やリサイクルに取り組んでいる。この結果、スイスの窒素酸化物の排出量は2010年現在、7万6000トンとOECDの加盟国の平均排出量である96万1000トンを大幅に下回っており、ルクセンブルク大公国（ルクセンブルク）、アイスランドなどに次いで低い[34]。

　なかでも注目されるのは有事の際、核兵器の燃料として転用できる原子力発電所（原発）のありようだが、連邦政府はウクライナ人民共和国（ウクライナ：旧ソビエト社会主義共和国連邦）のチェルノブイリ原発事故があった1986年、世界に先駆けて「脱原発」を宣言する一方、2000年、発送電の分離を始めた。また、2011年の東京電力福島第一原発事故を受け、国内に5基ある原発をめぐり、2016年、「脱原発」か否かの国民投票を行った結果、54.2%の投票率のもと、過半数の反対で否決されたが、翌2017年、新エネル

写真1—⑮　ネズミ返しの穀物倉庫群

ツェルマットにて

ギー法の是非を問う国民投票の結果、投票率42.3%、賛成58.2%、反対41.8%で可決された。

　そこで、連邦政府は2016年に決定した「エネルギー戦略2050」に従い、予定どおり、現在ある5基も段階的に廃炉するとともに、今後、原発の新設をいっさい認めず、再生可能エネルギーに転換することになった。

　具体的には、2050年に向け、アルプス山脈の豊富な水に恵まれている立地を生かし、ノルウェー、オーストリア、アイスランドに次いで盛んな水力をはじめ、風力や太陽光、グリーン・テクノロジー[35]などの再生可能エネルギーに転換し、環境の保全に取り組むことになった。このような官民一体となった取り組みは隣国・ドイツとともに国際社会から高く評価されている。

●❻● 国民生活

（1）税金などの負担

　ところで、スイスの国民はどのような生活を送っているのだろうか。

　前述のように、スイスは分権国家で、かつ連邦政府や州政府、基礎自治体がそれぞれ独自の税制にもとづく税率を設定している。また、物価が世界一高いため、さぞ税金などの負担も高いだろうと思いきや、一時40％だった平均税率[36]は2018年1月、追加徴税措置の終了にともない、付加価値税（value added tax：VAT、消費税のような間接税）が2018年1月、8％から7.7％に引き下げられた結果[37]、11.5-17.85％となり、アイルランドに次ぐ世界第2位の低さとなった[38]（資料1―④）。

　また、所得税や住民税、資産税、事業所得税などからなる総合税率も30.1％とルクセンブルグ、アイスランドに次いで世界で3番目に低い[39]。近年、相続税と贈与税は課せられるようになったが、税率は州によって異なる。夫婦間の相続や贈与には課税されない。

　一方、国民の約3割はパートタイム労働者（パートタイマー：パート）のため、共働き世帯が大半だが、国民所得に対する国民全体の税金と社会保障の負担の合計額である国民負担率は税金が10.7％、社会保険料が6.2％の計16.9％と低い[40]。また、サラリーマンの大半は複数の職業を持っており、平均年収（手取り）は2018年現在、5890スイスフラン（約647万9000円）、共働き世帯は同9万5002スイスフラン（同1140万円）といずれも世界トップである。

　現に、外国人専門の就業紹介サイト「IZANAU」によると、同年現在、平均年収が最も高かったのはスイスで、平均年間労働時間が1590時間に対し、税込みで1073万円と世界一である[41]。もっとも、スイス人は持ち家にこだ

資料 1 ―④　付加価値税率（標準税率および食料品に対する適用税率）の国際比較

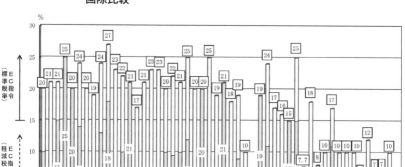

（備考）

1．日本の消費税率 8 ％のうち、1.7％相当は地方消費税（地方税）である。

2．カナダでは、連邦税である財貨・サービス税（付加価値税）に加え、ほとんどの州で州税として付加価値税等が課される（例：オンタリオ州 8 ％）。

3．OECD 加盟国のうちアメリカでは、売買取引への課税として付加価値税ではなく、州、郡、市により小売売上税（地方税）が課されている（例：ニューヨーク州およびニューヨーク市の合計8.875％）。

4．東南アジア諸国連合（Association of South‐East Asian Nations：ASEAN）加盟国のうちミャンマーでは、売買取引への課税として取引高税が課されている。また、ブルネイには売買取引に課される税が存在しない。

5．上記中、■が食料品に係る適用税率である。「 0 」と記載のある国は、食料品についてゼロ税率が適用される国である。「非」と記載のある国は、食料品が非課税対象となる国である。なお、軽減税率・ゼロ税率の適用および非課税対象とされる食料品の範囲は各国ごとに異なり、食料品によっては上記以外の取扱いとなる場合がある。

6．EC 指令においては、ゼロ税率および 5 ％未満の軽減税率は否定する考え方が採られている。ただし、1991年時点でこれらを施行していた国は、引き続き適用することができる。

（出所）各国大使館聞き取り調査、欧州連合および各国政府ホームページ等による。

出典：財務省HP、2018年。

　わらず、国民の約 7 割は賃貸住宅に住んでいるため、収入の 4 分の 1 から 3 分の 1 は家賃に消えている。

　いずれにしても、物価がスウェーデンやデンマーク、ノルウエーなどの北欧諸国、あるいはそれ以上のスイスとはいえ、世界一高い給与のほか、税率が意外と低く、かつ交通が至便で治安もよいとあって世界的な国際金融都市・チューリヒは世界の富裕層や資産家、医師、弁護士、研究者に交じり、

最近、高額所得者の世界のトップ・アスリートの移住が急増している。

（2）消費生活

　スイスは物価が世界一高いため、ドイツやフランス、イタリアなどの国境近くに在住している住民はパスポートを持参、物価の安い国境にあるドイツやフランスなどのスーパーへ越境し、買い物に出かけているものの、2018年1月、消費税が8.0％から7.7％に引き下げられ、かつ書籍・食品代は2.5％の軽減税率、消費者物価の上昇率は0.2％にとどまっている。また、IMFの2017年の調査によると、スイスの国民1人当たりの名目GDPは8万0591ドル（約886万円）で、10万5803ドル（同1163万円）のルクセンブルクに次いで世界第2位にランキングしている[42]。

　これに関連し、スイスは州政府、基礎自治体ごとに税率が設定できるため、最低賃金制が導入されていない。このため、貧困や少子化対策、社会保障の縮減の代替策として、成人に毎月2500スイスフラン（約30万円）、子どもに同625スイスフラン（同7万5000円）を連邦政府が無条件に支給するベーシックインカム（basic income：BI、最低所得保障）[43]の導入の是非をめぐる国民投票が2016年に行われた。

　結果は反対多数で否決されたが、ベーシックインカムが導入した暁には公的年金と失業保険（雇用保険）を撤廃する代替措置まで議論されたほどだった。ちなみに、チューリヒ近郊の基礎自治体、ライナウ（人口1300人）に至っては2019年1–12月、住民全員に毎月2500スイスフラン（約27万5000円）を支給する社会試験を行うことになったが、スイスの給与の高さはそれほど世界一というわけである。

　参考まで、OECDの「世界貧困率ランキングマップ調査：2020年」結果をみると、総人口に対する貧困層の割合を示す貧困率は9.10％と世界162ヵ国中31位で、世界平均の11.0％である。このため、消費生活は比較的安定しているといえる。失業率も2.60％とまずまずである。

　余談だが、スイスは「ノーチップの国」のため、外国人がスイスで買い物や食事をした際、チップを渡す必要はない。タクシーを利用したときに料金の10％を支払う程度である。もっとも、そのタクシーも交通インフラが充実しているため、よほど急いでいるときぐらいしか利用することもない。それ

だけ生活しやすく、かつ治安もよいというわけである。

（3）ボランティア活動

　このような国民生活の安定、およびヨーロッパの小国で、ドイツやフランス、イタリア、オーストリアなどの列強に囲まれている地勢とあって、スイスは古来、国民の自治と連帯により環境・エネルギーや社会保障、防災、国防について互いに連携し、持続可能で、かつ安全・安心な国づくりに努めている。

　たとえば、中世以来、キリスト教徒は今なお毎月、地元の教会に教会税[44]を納め、その宗教倫理である「隣人愛」にもとづく住民どうしの見守りや安否確認、日曜礼拝[45]後の歓談を通じ、互いにコミュニケーションを図っている。また、国民の4人に1人がボランティア団体に属し、無報酬の各種地域活動に参加している。

　なお、上述したように、スイスではベーシックインカムの導入の是非が国をあげて議論されるほど、いずれの職業でも高収入が保障されているため、大学に進学する人は国民全体の2‐3割にとどまり、残りの8‐7割は中学や高校、職業学校（専修・専門学校）などを卒業し、社会人となっている。それというのも、日本のように大学に進学しなくても努力次第でサラリーマンになることができるほか、農林や観光などの自営業であれば大学卒でなくても安定した生活が保障されているからである。そこには山岳部でも交通インフラが充実しているばかりか、都市部よりもむしろ環境が保全されており、快適な生活が約束されているといった側面もある。

　一方、大学の教育・研究レベルは高く、中国の上海交通大学高等教育研究所が2016度に発表した「世界大学学術ランキング」で第1位のアメリカのハーバード大学などに続き、ドイツ生まれの理論物理学者、アインシュタインが学んだスイス連邦工科大学チューリッヒ校は同19位、ジュネーブ大学は同53位、チューリッヒ大学は同54位など国内の500大学のうち、7校もランキングしている[46]（**写真1―⑯**）。

　しかも、いずれも国立だけで公立や私立はなく、授業料は連邦政府が全額支給するため、無料である。このため、卒業後、政治家や官僚、一流企業の幹部になっても世話になった社会に還元しなければならないと考え、ボラン

写真1─⑯　政治家や官僚、企業幹部もボランティア活動をするスイス

スイス連邦工科大学チューリッヒ校にて

ティア活動に努める者がほとんどである。また、企業・事業所も社会貢献活動を社員に奨励している。まさにスイス古来の国民の自治と連帯による証左の一端がみてとれる。

　その結果でもあろうか、国民の幸福度も高く、国連の2019年の「世界幸福度報告」で世界第6位にランキングしている。また、財団法人ロングステイ財団をはじめ、様々な調査でも「移住したい」、あるいは「移住した外国人」、さらには現地の大多数の国民も「生まれ、育ち、住んでいてよい」国のベスト5にスイスはデンマークやノルウェー（ノルウェー王国）、フィンランド（フィンランド共和国）などの北欧諸国とともにランキングしているのである[47]。

1）地球の表面が何枚かで構成されたプレート（岩板）が対流するマントル（地球深部の地殻）に乗り、互いに動いているとする説。

2）炭酸カルシウム（CaCO 3）を主体とする堆積物。

3）プランクトンなどの遺骸を含む海底の軟らかい泥。

4）今永勇「丹沢山地とアルプス」『自然科学のとびら』第10巻第2号、通巻37号、神奈川県立生命の星・地球科学館、2004年。

5）三十年戦争の終結のため、1648年にドイツとフランス、スウェーデンとの間で結ばれた条約。

6）フランスの国王、ルイ14世が1685年に近代のヨーロッパで初めて個人の信仰の自由を認めた勅令。フランスの国家統一の出発になったといわれている。

7）「博愛」とも訳されているが、誤訳とする指摘がある。

8）2016年、アルプス山脈の南北を結ぶゴッタルドベーストンネル（総延長約57km）が完成し、世界最長となった。

9）その後、「東西冷戦」が終わったため、4ヶ月、さらに2ヶ月と縮減されたが、備蓄の品目によっては1ヶ月とされている。

10）福原直樹『黒いスイス』新潮社、2004年。

11）富裕層を対象にその保有資産の保全や資産の運用を主な業務とする金融サービス。スイスには全世界の個人資産の約30％、政府に申告をしていない資産を合わせると同60％以上が集まっているといわれている。

12）これらの都市も含め、いずれも市町村とはいわず、基礎自治体と呼称。

13）うち、準州は6。

14）1スイスフランは110円で換算。以下、同。

15）経済協力開発機構、2016年度調べなどによると、議員によっては1億円になる者もいるという。

16）世界の政財界人や遺産家の匿名口座として問題となっているプライベートバンクはスイス銀行法にもとづくスイスを拠点とした銀行の総称で、スイス国立銀行とは異なる。

17）国際コンソーシアム21（U21）の「2018年版ランキング」によると、スイスはアメリカに次いで世界第2位。産学連携や国際研究などの点で高い評価を得ている。

18）前出『脱・限界集落はスイスに学べ』。ちなみに先進国でいまだに集権国家なのは日本とフランスだけである。

19）連邦政府における国民投票の発議は10万人以上の国民の署名が要件。

20）スイス連邦政府財務省人事局調査、2014年など。

21）世界貿易上の障壁をなくし、貿易の自由化や多角的貿易を促進するために行われた通商交渉。

22）日本の前民主党政権はこのスイスの戸別所得補償を参考にマニュフェスト（政権公約）に加えた。

23）前出『脱・限界集落はスイスに学べ』。

24）フランス語のmi（半分）とEngros（卸売り）の合成語、すなわち、半分の量の卸売り価格という意味。

25）正式には1998年、スイスユニオン銀行とスイス銀行コーポレーションが合併したグローバルな金融機関。

26）スイス銀行「2013年速報値」など。

27）IME「世界経済見通し（2018年10月版）」。

28）ちなみに、日本人は同420万円。

29）1ドル120円で換算。

30）スイス連邦経済省経済事務局（State Secretariat for Economic Affairs：SECO）調べ、2018年。

31）日本はアメリカ、ロシア、中国、インド、フランスに次いで第6位。

32）住民の渡船と観光遊覧船を兼ねた蒸気船。

33）自宅から都市部に向かうマイカーを最寄りの駅やバス停で駐車し、バスや鉄道などの公共インフラに乗り換えるシステム。

34）OECD（経済協力開発機構）「世界・窒素酸化物（NOx）排出量ランキング」2011年。

35）地球環境問題の解決策となる太陽光発電、風力発電、バイオマス燃料、スマートグリッド、浄水技術など。

36）納税額を総所得で割った税率。

37）軽減税率は宿泊料金が3.7％から3.8％に引き上げ。書籍・食品代は2.5％に据え置き。

38）ただし、2021年、0.3％引き上げて2017年まで8.0％だった税率に戻し、その財源に充てることになっている。ちなみに日本は2019年10月、10％に引き上げ、その際、プレミアム商品券の発行などを〝軽減税率〟としているが、据置税率というべきである。拙著『老活・終活のウソ、ホント70』大学教育出版、2019年。

39）IMF「世界経済調査」HP、2018年。日本の貧困率は15.7％、失業率は2.80％と低いが、全体の約4割は非正規雇用者。

40）OECD調査。

41）1ドル113円で換算。日本は平均年間労働時間が1713時間、平均年収は429万円で世界第18位。

42）日本は3万8440ドル（同422万円）で同23位。もっとも、2019年に入り、政府の統計調査不正が発覚したため、日本の名目GDPはさらに下がる可能性もある。

43）政府がすべての国民に対し、最低限の生活を送るうえで必要とされている額の現金を無条件で定期的に支給する制度。基本所得保障や国民配当ともいう。

44）州によって異なり、所得の6-10％程度。

45）仏教の場合、「らいはい」という。

46）日本の大学では東京大学が同20位、京都大学が同32位、名古屋大学が同72位。

47）各種調査のなかにはハワイ（アメリカ合衆国ハワイ州）やマレーシア、シンガポール、ニュージーランドの国名もみられるが、これらの国はいずれも震源や火山があり、地震や津波、火山噴火などの懸念がある。

第2章

スイスの社会保障と
有事対策

●❶● 　年　金

（1）公的年金

　社会保障は第一次世界大戦（世界戦争）後、不況や労働者によるゼネラル
ストライキ（ゼネスト）を経た1920-30年代、働く権利と納税の義務や雇用
条件の改善、家族手当がスイス連邦憲法に規定されたのを機に制度化され
た。

　具体的には、年金は国民皆年金のもと、公的年金（基礎年金）、職場積立
金（PP：企業年金）、個人貯蓄（個人年金）の３階建てで、職業や居住地を
問わず、すべての国民に適用される。このうち、公的年金は老齢・遺族基礎
年金（AHV）と障害[1]基礎年金（IV）が主で、18-65歳（女性は64歳）の間、
国内に在住する外国人も含め、すべて加入する義務がある。保険料は給与の
10.25％だが、労使によるスプリッティング（折半）となっている（**写真2**
—①）。

　このうち、まず公的年金だが、その中心の老齢・遺族基礎年金の支給開始

写真2—①　18歳以上で収入があれば年金に加入

ツェルマットのホテルでの挙式にて

年齢は、男性は65歳、女性も2018年から段階的に64歳から65歳に引き上げられている。農業などの自営業・自由業者は所得の5.2%を毎月、保険料として納め、最低12ヶ月以上納めればその期間に応じ、65歳（女性は64歳）から支給される。もっとも、受給を63-65歳前に繰り上げ、または65-70歳後に繰り下げて希望する場合、それぞれの年齢に応じて減額、または増額される。

　年金額は保険料の納付期間と支払った額によって決まり、1人当たり月額1175-2350スイスフラン（12万9250-25万8500円）、年額1万4100-2万2820スイスフラン（155万1000-251万0200円）となり、現役時代の平均年収（手取り）である5890スイスフラン（647万9000円）の約4分の1から半分、多い人で約6割にとどまるが、物価の変動によってスライドされる。一定所得以下の場合、最高額で平均賃金の23%の補足年金がある。55歳以上の専業主婦や18歳未満の子ども、また、25歳までの学生がいる場合、加給年金（家族手当：AF）が別途プラスされる。このほか、離婚したり、配偶者と死別したりした場合、寡婦（寡夫）年金や遺族年金が支給される。

　変わったところでは兵役や出産、育児期間中、平均収入の8割が支給される所得補償保険（EO）もある。このため、国民皆兵の期間は雇用されていれば100%支給される給与の8割は連邦政府により保障される。

　なお、前述したように、農家の1世帯当たりの年間所得は平原（平地）および山岳部では直接支払いと環境支払いの補助の結果、少なくとも5万1500スイスフラン（同565万5000円）の収入が補償されるが、これを上回れば老齢・遺族基礎年金と直接支払いの額は併給調整される。また、国内の平均給与の半分に満たない場合、月額986スイスフラン（同10万8460円）の生活保護手当が支給されるため、ホームレス（路上生活者）やスラム街（貧民街）はどこへ行っても見当たらない。

　ちなみに、スイス連邦政府統計局の国勢調査によると、スイスは平均寿命が2018年現在、女性が85.2歳と世界第5位、男性が81.2歳と同1位で、日本と首位を争う世界屈指の長寿国だが、一人の女性が15-49歳の間に子どもを産む合計特殊出生率は1.54と比較的高い。このため、総人口に対する65歳以上の高齢者の割合を示す高齢化率は18.63%にとどまっているが、2060年に28.00%に上昇する見込みのため、年金財政は今後、厳しくなり、2030年までだけでも毎年83億スイスフラン（約9130億円）不足する予定で予断を許さ

ない。

（2）企業年金と個人年金

　これに対し、職場積立金（PP:企業年金）は老齢・遺族基礎年金を上乗せ
し、定年退職後、これらの公的年金では足りない老後の生活費を補うもの
で、被用者は一定額を超える給与がある場合、その額に応じて掛金、企業・
事業所はそれよりも少ない程度で資金を毎月、ともに企業基金に拠出する。

　拠出金は資産運用され、その利子とともに企業基金を構成し、被用者に支
給される。支給開始年齢は公的年金と同様、男性は65歳、女性も2018年から
段階的に64歳から65歳に引き上げられる。受給額は月額290-5050スイスフラ
ン（３万1900-55万5500円）である。自営業・自営業者のうち、農業法人に
勤務する農業の場合、連邦法、それ以外の場合、州法にもとづく企業年金が
ある。

　残る個人貯蓄（個人年金）は、被用者は企業・事業所を定年退職するまで
の間、農業などの自営業・自由業者は老後を迎えるまでの間、個人的に任意
で加入して預金や保険料を銀行口座への貯蓄や保険を通じて積み立て、公的
年金や企業年金の不足分を補完するものである。これらの受取額は個々バラ
バラなうえ、データもないので不明だが、税金の申告の際、課税の対象とな
る年収から控除できるため、所得税が低くなる。もっとも、ここ数年、州政
府によって税法が改正されているため、年収から控除できない年もある（**図
表２─①**）。

　ちなみに現役世代の平均月収は、単身世帯で247スイスフラン（24万7000
円）、夫婦と子ども２人の４人世帯の場合、3981スイスフラン（43万9000円）

図表２─①　スイスの年金

3階部分	個人貯蓄（個人年金）	
2階部分	職場積立金（PP：企業年金）	別途積立金
1階部分	公的年金 （老齢・遺族基礎年金・障害基礎年金）	職場積立金 （AF：加給年金）

← 被　用　者 →　　← 自営業・自由業者 →

（注）専業主婦・学生は任意加入。
出典：筆者作成。

のため、EUと比べて貧困リスクが低い。失業した場合、失業保険（雇用保険）や職業調整基金などが支給される。

　このようななか、2016年に、18歳以上の成人の場合は月額2500スイスフラン（77万5000円）、18歳未満の未成年の場合は同625スイスフラン（6万8750円）とすべての国民に最低所得を保障する代わりに公的年金や雇用保険、生活保護の縮小や廃止に踏み切るベーシックインカム（BI）の導入の是非をめぐる国民投票が全土で実施された。結果は投票率46.3％のうち、賛成23.1％、反対76.9％で否決された。いかにも給与が世界一高いスイスらしいが、当面は65歳で定年退職後、安定した老後の生活を送るには現役時代、企業年金のほかに個人年金に加入するなど老後に備え、早めの生活設計を立てる必要がある。もっとも、成年後見制度も充実しており、非営利の高齢者援護団体が公的機関を通じ、後見人を紹介することになっているため、判断能力のあるうちに成年後見制度を利用し、老後の家族や自分の死後の財産の相続などに対処する傾向にある（**写真2—②**）。

写真2—②　給与の高いスイスでも早めの老後の生活設計が必要

メンリッヘンにて

●❷●　医　療

（1）医療保険

　スイスでも基本的に国民皆保険が導入されているため、すべての国民はもとより、スイスに在住する外国人も毎月、所定の医療保険の保険料を支払えば医療保険の対象になる。

　具体的には、連邦政府、州政府、基礎自治体および企業・事業所、会社員や公務員などの被用者、農業などの自営業・自由業者が納付する保険料が主な財源で、毎月、一定額を連邦政府承認の州営保険会社に支払う。保険料は州政府や基礎自治体によって異なるものの、自営業・自由業者を除き、基本的には労使折半で、かつ18歳未満の子どもや低所得者、貧困者などの場合、軽減される。補足手当と軍保険はその性格上、保険料の納付は不要である。

　医療保険は基本（基礎）保険や傷病保険、補足手当、養老・遺族保険、健康保険、事故保険、軍保険、収入損失保険、母性保険、ボーナス保険からなり、原則として治療・入院によって生ずる医療費の費用の全体の1割を負担し、残りの9割は州営保険会社が負担する。

　また、傷病保険と健康保険は職業事故と非職業事故に分かれており、前者は労働災害（労災）など業務上の事故や疾病など、後者は不慮の事故など業務外の事故や疾病、出産・介護などに対し、所定の現物給付、あるいは現金給付が給付される。母性保険は出産後、14週間、出産前賃金の賃金の80％が支給される。もっとも、これらの医療費の自己負担には上限がある。月額700スイスフラン（同7万7000円。保険調剤薬剤費を除く）を超えると、高額療養費制度にもとづき、それ以上の医療費は保険で賄われる。出産や葬儀の費用は無料である。

　このほか、保険医療機関の利用度に応じ、保険料が縮減されるボーナス保険があるほか、軍保険と収入損失保険もある。このうち、軍保険は従軍中の事故や疾病、収入損失保険は従軍中の収入を得る機会を損失した場合、全額が保険の適用となる（**図表2―②**）。

　なお、歯科治療や社会復帰に必要なセラピスト（理学療法士や作業療法士、臨床心理士など）によって各種療法を受けたり、国内のすべての病院で治療を自由に選んで受けられる権利（病院の自由選択権）を行使したり、入

図表2─②　スイスの医療保険

保険の種類	保険の対象	保険料
基本（基礎）保険	医療・入院など	労使折半
傷病保険	労災・事故・疾病など	労使折半
補足手当	養老・遺族保険、傷病保険の不足	なし
養老・遺族保険	老後・配偶者死別	労使折半
健康保険	不慮事故、疾病、出産・介護など	労使折半
事故保険	労災・非労災補償	業務上は事業主、業務外は本人
軍保険	従軍中の事故、疾病	なし
収入損失保険	従軍中の収入補償	労使折半
母性保険	出産前賃金	労使折半
ボーナス保険	すべて	労使折半

出典：筆者作成。

院時の個室や準個室の補足費用、NPO（Nonprofit Organization/Not-for-Profit Organization：特定非営利活動法人）のシュピテックス（訪問介護・看護事業所）の訪問介護・看護など追加負担の現物給付を希望したりする場合、保険会社に任意加入して追加保険で賄う必要がある。

（2）保険医療と救急医療

　保険医療で受診する場合、まず州営保険会社が指定する地域の診療所のファミリードクター（主治医：かかりつけ医）に受診し、診察の結果、必要に応じて専門医が紹介される。このため、日本のように最初から地域の総合病院や大学附属病院を受診することはできない。それは都市部でも山岳部でも同様で、地域の診療所をはじめ、社会福祉協会（社会福祉協議会）や高齢者援護団体などの社団法人や財団法人など公益団体や、訪問介護・看護事業所、州立総合病院、大学附属病院、個人病院、診療所が連携し、健康診査（健康診断）や治療・入院、訪問看護・介護、ターミナルケア（終末期医療・看護・看取り）、見守りや安否確認に当たる。州立総合病院や大学附属病院のない山岳部では、診療所や訪問介護・看護事業所の医師や訪問介護員、訪問看護師が毎週、定期的に各集落を巡回する。しかも、処方箋にもと

づき医薬品を調剤する保険薬局があるため、安心である。

　急病や有事、災害時、山岳遭難などの緊急の場合、NPO航空救助隊「REGA（Swiss Air Rescue Association）」はもとより、州立総合病院や大学附属病院、さらには民間航空会社や資材運搬会社、観光遊覧飛行会社がドクターカーやドクターヘリ（救急医療用ヘリコプター）として出動し、それぞれの現場から15分以内に最寄りの州立総合病院や大学附属病院に救急搬送する。この救急搬送代は「REGA」の会員であれば国内はもとより、海外を問わず無料だが[2]、医療費は連邦政府が州営保険会社に事業委託した保険診療のため、一部自己負担となる。この「REGA」は国民の41％が加入し、会員となっている。運営や活動の資金は2018年実績で約1億5500万スイスフラン（約170億5000万円）である。

　この資金のうち、9700万フラン（106億7000万円）は会員1人当たり年間30スイスフラン（3300円）、子どもを含む場合、1家族当たり同70スイスフラン（7700円）の会費、残りの5800万スイスフラン（63億8000万円）は健康保険や旅行障害保険の交付金、一般の個人や企業・事業所などのパトロン（賛助団体）の寄附で賄っており、行政からの補助などはまったく受けずに運営されている。筆者の友人夫婦もその会員である（**写真2―③**）。

　これらを資金としてチューリヒ国際空港（ZRH）内に本部を置き、国内に12の基地をインターラーケンなど各所に設け、最大6人まで収容可能なストレッチャーを同乗させたヘリコプター19機、全長約21m、最高時速880km、航続距離約6500kmを誇る救命救急専用のドクタージェット機3機を駐機させている。また、元スイス空軍のパイロットのほか、心電図や人工呼吸器、酸素吸入器、臓器、血液、血清、医薬品を用意した救助隊員や救急救命士、常勤医2人、短期契約の医師の計10人以上、それに看護師や通訳を加えた計約400人が3人1組となり、24時間交代制で常駐している。

　そこで、本部のオペレーションセンターが会員はもとより、住民や観光客、旅行者、登山者が急病や災害で負傷したり、遭難したりして本人や主治医、診療所などから要請があれば「赤十字基本7原則」[3]にもとづき、最寄りの基地から出動、急病や災害の現場、あるいは専用のヘリポートや校庭、河川敷に急行し、急病人や被災者を収容、機内で応急措置を講じつつ15分以内に最寄りの大学附属病院、州立総合病院に救急搬送する。これらの経費

写真2—③　国民の41%が加入している「REGA」の会員証

シュヴィーツの友人宅にて

は、会員は無料、非会員は有料で、海外でも出動し、外国人も人道援助する。

　ちなみに、出動は急病人や未熟児、緊急治療を要する新生児の搬送が主だが、最長約220m のウインチで標高4000m 級のアルプス山脈の岸壁で立ち往生した登山者やスキーヤー、さらには牧草地で体重600-700キロ kg と成人の10人分に相当する急病の乳牛を吊り上げて救急搬送するなど、幅広く対応しており、2018年の出動件数は被災者の救助や労災、計1万1000件に及んでいる[4]。近年は全天候型および小型無人機「ドローン」も併用、その迅速な出動や高度な技術、そして、政治や宗教を問わず、世界のいずれの被災地にも出動する活躍ぶりは国際社会から高い評価を得ている。まさに"空飛ぶICU"である。

　いずれにしても、スイスも日本と同様、保険医療機関や医師、看護師、保健師、薬剤師などは都市部に集中しているため、地方、とりわけ、山岳部では、救急車や医師、看護師、救助隊員が同乗するドクターヘリがこの問題に対処、解決することになっており、世界トップレベルの医療技術を誇ってい

写真2—④ 緊急時に出動する「REGA」のドクターヘリ

シルトホルンの資料館にて

るため、一部に無医地区があるものの、医療過疎はもとより、新型コロナウィルス感染拡大などによる"医療崩壊"もない。(**写真2—④**)。

　なお、救急車の利用料は州政府によって異なるものの、1回当たり平均500スイスフラン（5万5000円）と信じられないほど高額だが、状況により後日、基本（基礎）保険から半額が還付される。また、それ以上の負担はな

く、全額が保険で賄われる。これにより救急車をタクシー代わりに乱用されることを防いでいる。

　また、スイスでは自殺幇助が合法化されている。なぜなら、本人の意思とは別に延命治療が施され、医療費の増大によって医療保険財政が圧迫されることを避けるとともに、何よりも本人が自分の死を選ぶ権利を選択する自由は保障されるべきだと考えているからである。このため、本人や家族の希望であれば病院やフレーゲハイム（特別養護老人ホーム）、アルタースハイム（養護老人ホーム）、有料老人ホーム[5)]で主治医がその対応に当たる。この場合、主治医は点滴を開始後、臨終に至るまでの模様をビデオで撮影し、検死に訪れた警察官に殺人ではない旨を証拠として呈示する。安楽死とは別物と考える尊厳死を重視しているため、連邦政府は組織的な自殺幇助を法的に規制しようという意図を放棄し、現在に至っているのである。

　一方、スイスは国民皆兵制を敷いており、兵営を終えたのち、有事の際、民兵として出動を要請するため、連邦政府は希望者には兵役後、使用したライフル銃や自動小銃を自宅に保管することを認めている。このため、このライフル銃や自動小銃を使って自殺したり、一家無理心中をしたりする者が年間約400人の自殺者のうち、半数にのぼっているが、20年前に比べれば 3 分の 1 に減少、また、WHO の2019年調査によれば「世界の自殺率ランキング30」で第10位にとどまっている。アメリカのように一般の国民や観光客、旅行者に乱射するような事件も起きていない。ちなみに日本の自殺率は第 7 位である。（**写真 2 ―⑤**）。

　なお、公衆衛生に関していえば、下水道の普及率は都市部はもとより、山岳部も100％完備している。

　いずれにしても、スイスの医療保険は国民が州営保険会社と医療保険を自由に選べるが、近年、医療技術の高度化や国民の長寿化を受け、医療費はGDP の全体の 1 - 2 割近くを占め、ドイツやフランス並みに増えている。それでも、医療の技術や水準が世界トップクラスとあって国民の満足度は高い（**写真 2 ―⑥**）。

写真2─⑤　自殺幇助を認めているスイス
（後方は告別式の参列者）

ラウターブルンネンの共同墓地にて

写真2─⑥　国民皆保険を担う州立総合病院

インターラーケン州立総合病院にて

●❸●　介　護

（1）施設介護

　高齢者や障害児者の介護は健康保険の介護給付として現物給付（介護給付）と現金給付（介護手当）に分かれており、介護施設には基礎自治体や地域の教会、NPO が運営する特別養護老人ホーム、養護老人ホームのほか、企業・事業所などが運営する有料老人ホーム[6]がある。人口が少ない山岳部の場合、基礎自治体や教会が単独で介護施設を建設、運営するのは財政的に困難なため、周辺の基礎自治体と広域連合や自治協議会、峡谷共同体が設置し、基礎自治体の職員や看護師、介護職員、ボランティアなどの女性が介護に当たっているところもあるが、時折、成年の男性が兵役に代わり軍服姿で介護に従事している。

　これらの施設の入居費の財源は健康保険の介護給付が充てられ、全国統一だが、毎月の部屋代や食費、生活費などは各州政府や基礎自治体、あるいは施設ごとに入所・入居の基準が異なるため、若干のばらつきがある。

　また、これまで 4 - 6 人の大部屋が多かったが、近年、2 - 3 人のセミプライベート・ルーム（相部屋）やプライベート・ルーム（個室）がお目見えしている。これに対し、障害児者支援施設は従来から個室、あるいは 2 - 3 人の相部屋が大半であり、高齢者の介護施設との複合施設もある。

　いずれにしても、スイスではヨーロッパのなかではドイツとともに親子同居が根強いため、要介護の老親（ろうしん）などは同居する子ども夫婦が介護に当たり、自立支援に努めるのが一般的である。このため、在宅介護が困難と思われる場合に限り主治医の要介護認定を受け、「要介護 1 - 10」のいずれか[7]に判定されてはじめて健康保険の介護給付によって施設に入所・入居し、介護を受けることになっている。

　施設での生活はそれぞれの要介護度に応じ、テラスで食事を摂（と）ったり、共有スペースで絵画を描いたりして過ごすが、重度の場合、各居室に併設されたトイレとシャワー室を利用し、毎日、排泄（はいせつ）介助やシャワー介助を受けるほか、ターミナルケアも行われる。また、一部の施設では本人や家族の希望によっては自殺幇助を受け入れている（**写真 2 ―⑦、写真 2 ―⑧**）。

　これらの居室の利用料や食費、生活費などの介護費用は基本的に全体の 1

写真 2 —⑦ 絵画などを楽しむ軽度の入居者たち

ツェルマットのホームにて

写真 2 —⑧ 入居者を介護する女性職員

ツェルマットのホームにて

写真 2 —⑨　年々増えている有料老人ホーム

グリンデルワルトにて

割で、残りの 9 割は健康保険の介護給付で賄われるが、要介護の場合、その程度に応じて負担額が変わる。たとえば軽度の「要介護 1」の場合で月額4000スイスフラン（44万円）、最重度の「要介護10」の場合で月額5500フラン（60万5000円）の負担となる。多くの利用者の場合、現役時代の預貯金だけでなく、公的年金や企業年金、個人年金で賄っているのが一般的だが、州政府や基礎自治体によっては介護補償費として一部を補助しているところもある。

　これに対し、有料老人ホームの場合、居室の利用料や食費、生活費などの介護費用は特別養護老人ホームや養護老人ホームよりも 2 - 3 割高となるため、公的年金だけでは入居できない。ましてや長期の入居ともなれば 1 人当たり月平均9122スイスフラン（100万円）と途方もない負担を強いられる。

　そこで、有料老人ホームの入居者は公的年金はもとより、企業年金や個人年金、預貯金、さらには長年住んでいた自宅を売却したりして入居金や食費、生活費などの介護費用を工面しているのが一般的である。有料老人ホームに比べ、割安な特別養護老人ホームや養護老人ホームのほうが入居の希望者が多いため、入居者が死亡して退去したり、病院などの保険医療機関に転

所したりするまで何年も待機せざるを得ないのは日本と同様である。ちなみに特別養護老人ホームや養護老人ホーム、有料老人ホームは2016年時点で全国に計約1600ヶ所あり、15万人の入所・入居が可能だが、高齢化にともない、有料老人ホームが増える傾向にある。

　いずれにしても、スイスの高齢者は80-100歳と高齢になり、伴侶に先立たれても男性、女性とも可能な限り自宅に住み、アルプス山脈でトレッキングをしたり、スキーをしたり、自宅近くの公園や施設で友人や知人とストレッチ体操をしたりして健康の増進に努めている。このため、特別養護老人ホームや養護老人ホーム、有料老人ホームに入所・入居したり、病院などの保険医療機関に入院したりするのは"最後の最後"としている人が大半である（**写真２─⑨**）。

（２）在宅介護

　在宅介護は訪問介護・看護事業所の訪問介護・看護、あるいは地域の特別養護老人ホーム、養護老人ホームへのデイサービス（通所介護）、あるいはショートステイ（短期入所生活療養・介護）である。

　具体的には、前者は自宅の掃除や物品の整理整頓、昼食の調理、摂食や排泄、シャワー浴での介助、役所への各種手続き、近くの生協への買い物の代行、診療所への受診の際の送迎など、後者は各施設での摂食や排泄、シャワー浴での介助、通所者や入所・入居者との絵画や合唱、音楽の演奏、ゲームなどのレクリエーションが主である。障害児者には専門のガイドヘルパー（外出介助員）が付き添う。これらの費用は１時間当たり50-100スイスフラン（5500-１万1000円）だが、自己負担は全体の１割で、残りの９割は健康保険の介護給付で賄われる。もっとも、訪問介護・看護事業所による訪問介護・看護の場合、費用の全体の39％は健康保険の介護給付で賄われ、残りの61％は利用者の負担となるため、１人当たり月平均約600スイスフラン（６万6000円）かかる。

　ただし、施設介護、在宅介護を問わず、現物給付や現金給付も可能で、かつ所得制限はない。また、収入が少ない低所得者には補足給付のほか、州政府による社会扶助もある。

　ちなみに、看護師や介護職員の養成は専門学校で育成、所定の資格試験に

写真 2 ─⑩　外出介助を受ける在宅の高齢者

ツェルマットのホームにて

　合格して業務に就く。成年後見制度では弁護士や公認会計士、公証人などが利用者の依頼を受け、身上監護（保護）や財産管理、各種事務の代行などに当たる。
　なお、チューリヒ州政府経済労働局の「スイス賃金総覧（2019年版）」による職業別の月収は医師（部長級）が 1 万3017スイスフラン（143万1870円）

写真2─⑪　障害者に付き添うガイドヘルパー

ジュネーブの SBB 客車内にて

とトップで、助手は7348スイスフラン（80万8028円）、薬剤師は6900スイス
フラン（75万9000円）、介護職員は5594スイスフラン（61万5340円）となっ
ており、ジャーナリストや SBB の車掌、土木技師よりも高額である。この
ため、日本のように低賃金のため、人材が集まらない、また、離職率が高い
などということはない（**写真2─⑩、写真2─⑪**）。

●❹●　子育てなど

（1）子育て

　子育ての施設は公営の幼稚園、または保育園（所）が主だが、都市部、山間部を問わず、共働きの世帯が多い割にはいずれも不足しているため、十分整備されているとはいえない。また、前述したように、いまだに育児休業を保障する法律がないため、企業・事業所が 1 – 2 週間、給与を80％保証する独自の育児休業制度を導入して対応している。

　そこで、イニシアティブによる国民投票の要求が高まっているが、連邦政府は育児は個人裁量との伝統的な生活習慣に固執している。このため、共働きの世帯で公営の幼稚園、または保育園に子どもを預けられない場合、やむを得ず民間の託児所に預け、その費用をほぼ全額負担しているのが実態である。

　たとえばジュネーブ州の場合、地元の児童観測所（OCPE）が2017–2018年に調査した結果、託児所に子どもを預けたいものの、利用できない待機児童は約4200人に上った。このため、同州政府は2014年から現在まで新たに約1100人分の託児所を整備したものの、すべての子どもを預かるにはまだまだ不足している。また、乳幼児は約5300人おり、幼稚園や保育園に預けることができている乳幼児は全体の23％にすぎず、残りの77％は託児所に預け、その費用を負担している（**写真 2 —⑫**）。

　ただし、スイスは親子同居、あるいは親子が近くに別居している世帯も少なくない。このため、子育てに追われている子ども夫婦に代わり、同居、または近くに別居している老親が母親に代わって子育てを担ったり、夫婦で勤務時間をやりくりして交代で子育てしたりしている（**写真 2 —⑬**）。

（2）地域福祉

　一方、スイス連邦統計局の2016年の「貧困の動学分析」によると、総人口の7.5％に当たる約61万5000人のうち、14万人は就業しているにもかかわらず、貧困である。その意味で、世界一高給与の国とはいえ、総人口の約 1 ％は長期の貧困状態に陥っており、格差が広がりつつあることもたしかである

　ただし、前述したように、多くの国民は中世以来、代々キリスト教徒がほ

写真2 — ⑫　不足している幼稚園や保育園、託児所

ラウターブルンネンにて

写真2 — ⑬　同居、または近居の老親が子育てを担うケースも
（後方は生協の店舗）

ミューレンにて

とんどであるため、毎年、年収の 2 - 3 ％の教会税を地元の教会に納め、地域の要介護の高齢者や障害者の介護は教徒どうしの見守りや安否確認、子どもや乳幼児の預かりなどのボランティア活動に努めている。また、連邦政府や州政府、基礎自治体の議員や公務員、サラリーマンなど国民の 4 人に 1 人は社会福祉協会や高齢者援護団体など各種ボランティア団体に所属しており、個人的に高齢者や障害児者の介助、あるいは共働き世帯の乳幼児の子育てに協力している。

　このほか、多くの教会は中世以来、教区[8]ごとに牧師や教徒により教会税を財源の一部として教徒の葬儀・告別式の運営、共同墓地の管理をしている。また、教会や教会前の広場を高齢者や障害児者の見守りや安否確認、子育て世帯や貧困者への支援、あるいは地域の教徒やそれ以外の住民たちとの団欒や各種レクレーションを通じた健康の増進、交流の場として開放、地域福祉に一役買っている。なかには周辺に特別養護老人ホームや養護老人ホーム、有料老人ホームを建設して運営し、介護の必要な高齢者や障害者の入所・入居を受け入れ、施設介護に努めたり、デイサービスやショートステイを行ったりしているところも少なくない。キリスト教は「隣人愛」を宗教倫理としているからである（**写真 2 ―⑭**）。

　山岳部では有史以来、複数の農家が牧草地を共同管理して乳牛や山羊を飼育、バターやチーズ、ソーセージ、ジャガイモなどの生産や販売を通じ、育んできた自治と連帯により、互いに見守りや安否確認などの自助や互助に努めている。

　また、前述したように、PTT（ポストバス）は中世の郵便馬車の伝統を受け継ぎ、山岳部では運転手がバス停に停車、乗降客の乗り降りの合間、バス停に設置された郵便受けの郵便物の回収を通じ、住民の見守りや安否確認をしている。「コープ・スイス」、「ミグロ」両生協や食料品店、各種 NPO の食料や飲料水などの移動販売車の運転手はこれらの戸別配達の際、高齢の利用者などの見守りや安否確認に努めている（**写真 2 ―⑮**）。

　一方、地域福祉は前述したように、スイスはドイツやフランス、イタリア、オーストリアなどの列強に囲まれた小国であるほか、国土の約 7 割は山岳部で耕作地が少ないため、キリスト教の宗教倫理である「隣人愛」なども受け、国民の自立と連帯によるボランティア活動への参加に熱心である。

写真2―⑭　特別養護老人ホームを建設、運営している教会もある

ツェルマットにて

　たとえば、SBB（スイス連邦鉄道）や山岳鉄道の登山電車など公共交通機関の駅には改札口がないが、無賃乗車をする不心得者などは過去20年の調査で見たことは一度もない。また、発車のベルも案内放送もなく、定刻どおりに動き出すことも、自治と連帯にもとづき互いに時間を厳守し、かつ勤勉という国民性のゆえんである。その例が前述したボランティア活動の日常化

写真 2 ─⑮　利用者の見守りや安否確認も行う移動販売

グリメンツにて

写真 2 ─⑯　入居者を囲む老人ホームの介護職員とボランティア
（左から入居者、ボランティア、3人の介護職員）

ブティコンの特別養護老人ホームにて

写真2―⑰　ケーブルカーの駅構内に設置された募金箱

ツェルマットにて

で、チューリヒやインターラーケン、ラウターブルンネン、ベルンに在住する筆者の知人たちも週末や日・祝祭日、あるいは仕事が非番のとき、地域の老人ホームや障害児者施設、幼稚園、保育園、託児所、教会、学校、広場に出かけ、高齢者や障害児者の介助や見守り、安否確認、あるいは子育てを支援している。

　また、国内の主要駅やアミューズメントパークには募金箱が設置されており、小銭の紙幣や硬貨が寄せられている。その結果でもあろうか、「世界幸福度」のランキングでスイスは世界165か国中、フィンランド、デンマーク、ノルウェー、アイスランド、オランダに次いで第6位である。ちなみに、日本は第58位である[9]（**写真2—⑯**、**写真2—⑰**）。

　なお、スイスでは都市部はもとより、山岳部でも交通インフラが整備されているため、高齢者や障害者が役所やスーパー、病院などへ出かけるために自動車を運転して移動している姿など一度も見たことがない。ましてや、最近の日本のように高齢者が認知症でアクセルとブレーキを踏み間違えてスーパーなどの店舗に突っ込んだり、歩行者をはねたり、他の車と衝突したり、幹線道路を逆走したりするなどといった交通事故に出くわしたことも、一度もない。

●❺●　有事対策

（1）専守防衛と人道援助

　「蜂蜜（はちみつ）は、いつも流れ出ているわけではない[10]」――。スイスの有事での対策はズバリ、永世中立国としての専守防衛と人道援助による平和外交に徹している[11]。

　前述したように、1291年、シュヴィーツやバーゼルなど十三邦[12]からなる誓約者同盟を結成、神聖ローマ帝国から独立し、共和制（共和政治）のもと、ヴィール防衛軍事協定を締結、連邦軍を創設した。その後、1815年、ウィーン会議で「永世中立国」として認められたあと、1848年に連邦憲法を制定、外国の軍事基地や軍隊の駐留による平和の維持ではなく、有事の際、全人口の3％程度の連邦軍およびその半数の規模の予備軍と民兵[13]を編成して対峙（たいじ）することを決断した。

　具体的には、1914-1918年の第一次世界大戦までに、ドイツやイタリア、オーストリアとの国境や谷、断崖、峠などの山岳部に農家の作業小屋や穀物倉庫などに見立てたコンクリート製の要塞やトーチカ（防御陣地）、兵舎、弾薬庫を建設、弾薬や爆撃機、兵器を格納、国境警備隊、さらに国際河川のライン川や湖に船舶部隊を常駐、警備に当たっている[14]（**写真2—⑱**、**写真**

2 —⑲）。

　また、1920年、国際連盟に加盟したほか、第二次世界大戦前、国際社会に
対し、改めて「永世中立国」を宣言した。さらに戦後、ジュネーブの旧国際
連盟本部を国連ヨーロッパ本部として引き継ぐとともに、ジュネーブ軍縮会
議（Conference on Disarmament：CD）や赤十字国際委員会（ICRC）、国際
防災戦略（ISDR）など大小計約200の国際機関を誘致するとともに連邦政府
の高官を国連職員として送り込み、その運営資金も拠出している。

　その後、1962年、侵略者に対しては官民をあげ、焦土も辞さない覚悟で臨
む「民間防衛」を連邦法で定め、有事に備えることにした。また、翌1963
年、民間防衛関係法の一つとして避難所建設法を制定、官公庁や学校、駅、
博物館など1000人以上の不特定者が自由に出入りする公共施設やホテル、レ
ストラン、レジャー施設、さらに50人以上が入居可能なアパートやマンショ
ンなどの集合住宅、および民家の全世帯に鉄筋コンクリート製の核シェルタ
ーを地下に整備することを義務づけた。

　核シェルターは厚さ20-30センチで、かつ避難ハッチ（非常脱出口）付き
という堅牢なもので、全費用の75％を連邦政府が補助する。そして、官公庁
や学校、駅、博物館などの公共施設やホテル、レストラン、レジャー施設は
１年、アパートや全世帯は６ヶ月、スーパーは１年以上[15]、小麦のほか、
国民食のレシュテイ（ロスティ）やチーズ、ソーセージ、パンなどの食料や
飲料水は原則として２ヶ月以上、食器や調理器具、ガスコンロ、冷蔵庫とと
もに備蓄するほか、簡易シャワー・トイレやベッド、空気清浄器、自家発電
機、卓球場、ジム、軍服、軍事車両も保管し、少なくとも半年間、避難生活
を送ることができるように指示している。さらに、敵国の攻撃によって想定
される被害への対策や実際に攻撃されるなど有事の際の行動やプロパガンダ
（情報戦）、スパイに対応するよう呼びかけている[16]（**写真２—⑳**、**写真２—
⑪**）。

　余談だが、イラクの独裁者で2006年に処刑されたサッダーム・フセイン元
大統領は政府の地下壕を建設する際、核シェルターを開発したスイスの技術
者を招いた。また、国民１人当たりの軍事費は世界159か国中、65位[17]と少
ない割には、その実力はかつてオーストリアのハプスブルグ軍と交戦して
「スイス軍の不敗」を証明したほか、第二次世界大戦中、ユダヤ人難民の受

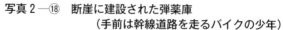

写真2—⑱　断崖に建設された弾薬庫
（手前は幹線道路を走るバイクの少年）

シュヴィーツ郊外にて

写真2—⑲　スイス空軍の戦闘機

インターラーケン郊外にて

写真2—⑳ ほぼ全世帯に設置されている民家の核シェルター

グリンデルワルトの知人宅にて

写真2—㉑ 核シェルターに保管された軍服などの軍事品

グリンデルワルトの知人の作業場にて

け入れを拒否し、ヒトラーにスイスへの侵攻を断念させたことからもわかるように、スイスの核シェルターの堅牢さ、およびスイス人の自治と連帯にもとづく結束はそれほど強いのである。

（2）民間防衛

　一方、連邦政府国民保護庁は1962年に定めた「民間防衛」の具体化のため、1969年、『民間防衛』[18]を260万部発行、全世帯に無償で配布し、基礎自治体の各教区、または地区ごとに攻撃、消防、救護、搬送、炊き出し、連絡、広報、道路の復旧、社会秩序の維持などの任務を平常時から国民が分担し、訓練を重ねておくように指示した。また、毎年2月の第1水曜日の午後1時半から2時にかけ、全土で一斉にサイレンを鳴らし、有事や災害時における作動に支障がないか、国をあげてチェックしている。

　具体的には、固定式サイレンは4200ヶ所、移動式サイレンは3000台整備するなど世界一の普及率を誇っている。しかも、ひと口にサイレンといっても「有事や災害時ではまずラジオを聞け」という波動型で、かつ連続して鳴る一般的なもの、「地元の基礎自治体の対策要綱に従い、危険個所や地域から避難せよ」と連続して鳴る水害に関するもの、「原発の放射能漏れや拡散にともない、指定された避難所へ避難せよ」という原子力災害に対する断続的な波動型サイレンの3種類がある。毎年2月、全土で一斉に鳴らされるサイレンは一般的なものである。

　さらに、東西冷戦が終わった1989年以後、平和外交の一環として各地の紛争の仲裁役を買って出る半面、自国が有事の際、6時間以内に約4000人の連邦軍のほか、21万人の予備役、民兵も含め、計約50万人が武装、自宅に所持するライフル銃や自動小銃を持って出動し、敵国軍の侵略に反撃する体制を敷いている[19]（**写真2—㉒**）。

　これらの人材の確保のため、2003年まで20-52歳の男子は兵役に就くとともに、健康や身体的な理由などで兵役に就けない者、および早期除隊者が「民間防衛」に従事し、州政府指揮下の消防団は軍、または「民間防衛」に付加的に就業、以後、各自の自由意思で参集することを課したが、翌2004年以降、兵役は30歳まで、保護支援（市民保護）ユニットは40歳までに短縮した[20]。その後、20-32未満の男子に最低1年の兵役[21]および有事に備えるこ

写真 2 ─㉒　自宅の核シェルターに所持するライフル銃と自動小銃

グリンデルワルトの知人宅にて

とを義務づけ、現在に至っている。しかも、兵役中、給与取得者であれば連邦政府とその勤め先が同期間の給与を分担し、平均収入の 8 割を補償する所得補償保険（EO）がある。また、前述したように、兵役中、死傷したりすれば軍保険で生活が保障される。

　それだけではない。兵役を終え、ローンを組んで住宅を取得する場合、金

融機関は一般の利用者よりも条件を有利に設定し、購入資金の一部を融資する。さらに、雇用先では同期に入社した同僚よりも早く幹部に登用され、定年退職後、同窓会の役員も約束され、優遇措置を講ずることも忘れないという念の入れようである[22]（**写真 2 ―㉓**）。

　このような連邦政府など国と国民との間の信頼関係の高さなのか、兵士がライフル銃や自動小銃を携帯し、公共交通機関を利用しても乗客は何の違和感もなく、ごく普通に見守る光景が国内のどこででも見られる。また、都市部の駅構内や地下街では有事や災害時、戦車や救急車、消防車、パトカーが市街地からに自由に出入りできるよう設計されていることにも驚かされる（**写真 2 ―㉔**）。

　しかし、スイスは、第一次世界大戦はもとより、第二次世界大戦後、今日まで連邦軍や予備役、民兵などが外国の軍隊と戦火を交えることはなかった。また、1996 年に北大西洋条約機構（North Atlantic Treaty Organization：NATO）に参加したものの、核兵器は持たず、先制攻撃のための武器は絶対に使用しないことを国是としていることは今も変わりはない。

写真 2 ―㉓　週末、兵役を一時終えて帰宅する青年たち

SBB チューリヒ中央駅構内にて

写真2─㉔　戦車や救急車などが自由に出入りできる駅構内

SBB チューリヒ中央駅構内にて

　それだけではない。日本が1945年8月、第二次世界大戦での敗戦を認め、連合国軍に「ポツダム宣言」を受託する際、その仲介をしたのはじつはスイスだった[23]。また、2018年の北朝鮮の非核化をめぐる米朝首脳交渉でもスイスは他のどの国よりも仲裁の協力を真っ先に国際社会に表明したほど、平和外交のために国際貢献している。

（3）災害対策との連携

　なお、1955年、従来の国民に対する「民間防衛」の義務に新たに防災のための目的を加え、翌1956年以降、兵役の代わりに防災訓練への参加を選択できる代替制度を発足した。そして、2004年、各州政府の指揮における消防、警察、医療、電気・ガス・水道などのテクニカル（ライフライン）、連邦政府の指揮における保護支援の5つのサービスに組織を再編、連邦政府と各州政府の指揮・命令系統を連携した「市民保護」とし、連邦政府の市民防衛オフィスが有事や災害対策に関わる危機管理に努め、かつ定期的に各州政府や基礎自治体の職員を対象にその目標の設定や実施、効果測定の手法などにつ

いて研修を行うことになった。

　一方、多くの国民は2006年以降、自宅に限り任意とされた核シェルターをその後も自費で自宅の地下に設け、食料や飲料水、調理器具、空気清浄機などともに兵役時代に使用したライフル銃や自動小銃を保管、有事に備えており、その普及率は約650万の全世帯に及ぶ。また、全国の病院などにも計約10万ベッド分ある。これらの建設基準はアメリカが広島、長崎両市に投下した原子爆弾クラスが半径約660m以内で投下されても爆死はもとより、重傷も負わない堅牢さとされ、1基当たり23スイスフラン（2530万円）前後の代物で、東日本大震災および東京電力福島第一原発事故以来、日本の住宅機器メーカーが開発、販売している50万-840万円ほどの家庭用核シェルターとはその設計や設備、規模、強度などの点で雲泥の差がある。

　ちなみに、日本における普及率は政府の補助も認識もないとあって、2018年現在、わずか0.02%[24]にすぎず、かつ内部の備蓄用品や機器、さらには地域における災害、また、有事への取り組みも行政や消防署、警察署、消防団、自衛隊、それに町内会や自治会、集合住宅の団地自治会や管理組合など一部の住民有志による組織で、かつセオリー的な防災訓練などの取り組みにとどまっていることを考えれば家庭用核シェルターがあるに越したことはないが、気休めにすぎないおそれもある。

　いずれにしても、有事だけでなく、災害時でもすべてのスイス人はもとより、外国の観光客や旅行者、大使館、企業の関係者が国内のどこに居合わせても100%安全に避難し、かつ最低2ヶ月、互助によって最長半年間、安全・安心して避難生活を送ることができる体制を敷いている。このため、国際社会では「将来、万一、核戦争になっても生き残ることができるのはアメリカ人とスイス人だけ」といわれている。だが、有事でも災害時でも自国の国土が維持され、市民保護さえ果たせられればよいと考えているわけではない。なぜなら、スイスは有事と災害への対策を平常時より万全のものとして講じ、かつ専守防衛と人道援助による平和外交を通じ、総合安全保障として努めているからである[25]。

1 ）障害の害は差別的だとし、「障碍」、または「障がい」と表記する向きもあるが、本書では身体障害者福祉法などの法律用語に従い、そのまま「障害」と表記。

2 ）海外の場合、航続距離が6500km を誇る専用のジェット機が出動。

3 ）1965年、ウィーンで開催された第20回赤十字国際会議で決議、宣言された「国際赤十字・赤新月運動の基本原則（赤十字基本 7 原則）」にもとづき、人間の生命の尊重や苦しんでいる人への人道援助としている。

4 ）「REGA」H P、2019年。

5 ）日本の特別養護老人ホーム（介護老人福祉施設）と異なり、医師や看護師が常駐しているため、特別養護老人ホームと老人保健施設（介護老人保健施設）との折衷的な施設。

6 ）有料老人ホームには介護付き、住宅型、健康型のタイプに分かれるが、スイスではこれらを種別していないため、単に有料老人ホームと総称している。

7 ）州政府や基礎自治体によっては「要介護 1 - 3 」のところもある。

8 ）日本における小・中学校通学区域の学区に相当。

9 ）国連・持続可能な開発ソリューション・ネットワーク「世界幸福度ランキング調査報告書（2019年度版）」、2019年。

10）スイス連邦政府編・原書房編集部訳『民間防衛』原書房、2003年、34ページ。

11）スイスは国連平和維持活動（United Nations Peacekeeping Operations：PKO）でも武器を使用しないね表明済み。

12）州の別称。

13）民間人による有事における要員。兵役を終えた50未満の一般の男子と志願兵の女子からなる。

14）スイスは内陸国のため、海軍はない。

15）全世帯の食料・飲料水などの備蓄はその後、 4 ヶ月から 2 ヶ月に短縮化、世帯のなかには 1 ヶ月にしているところが目立つ。

16）拙稿「スイスの災害対応」榛沢和彦監修『避難所づくりに活かす18の視点』東京法規出版、2018年、88-89ページ。

17）国際統計・国別統計専門サイト「GLOBAL NOTE」2018年によると、世界第 1 位はアメリカ、第 2 位は中国で、日本は第 9 位。

18）1970年、1995年、2003年の 3 回、原書房編集部が日本語訳にして同書房から刊行された。

19）弾薬は軍が保管しているが、ふだんでも銃砲店で入手できる。

20）基礎自治体によっては消防団の従事年齢も短縮。

21）身体的理由により兵役に適さない場合、兵役が免除され、社会奉仕活動、または免除金を納付。女性は志願制。役務の従事者には給与や無料の糧食が支給されるほか、無料の宿舎を要求する権利が与えられる。

22）徴兵制に対し、2001年、国民投票が行われた結果、廃止は22％弱、反対は73％を超えて否決された。

23）当時、スイスは国際社会を敵に回し、軍国主義に走っていた日本と断交することを検討しており、仲介を拒否した場合、終戦がさらに遅れたともいわれている。

24）NPO 日本核シェルター協会 HP、2019年。

25）拙著『防災福祉のまちづくり』水曜社、2007年。

第3章

スイスの防災福祉

●❶● 災害の危険度

（1）自然災害

　スイスの災害の危険度を地震から順にみていくと、アメリカ地震研究所の震源のデータをもとに日本の気象庁がまとめた「世界の震源分布とプレート（岩板）」によれば、世界の震源のほとんどは環太平洋地震帯からインドネシア、ヒマラヤ山脈、地中海へと続くユーラシアプレートの南縁、それにイタリアの中部と南部に分布しているが、スイスにはこのようなプレートは当たらない（**資料3—①**）。

　実際、過去約700年の間、地震らしい地震が発生したのはフランスとの国境にあるバーゼルだけで、1356年、M6.5を記録、中世の古城や教会、塔などが倒壊した程度である。そのせいか、住宅などの建築の耐震基準が定められているのは全26の州のうち、このバーゼルとローヌ川沿いのワインの産地、ヴァレーの2州だけである（**写真3—①**）。

　また、日本に約20ある国際機関のうちの一つ、国連大学（本部・東京都渋

資料3—①　世界の震源分布とプレート

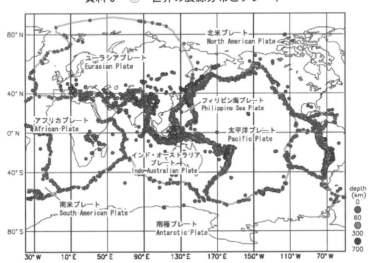

（注）2000～2009年，マグニチュード5以上。
資料：アメリカ地質調査所の震源データをもとに気象庁において作成。

出典：内閣府HP、2018年。

写真3―①　耐震建築の基準があるのは二つの州だけ
　　　　　　（中央上部はブドウ畑が広がるローヌ川）

ヴァレー州にて

谷区）の「世界リスク報告（The WorldRiskReport：WRR）」による国別の
自然災害指標をみてもスイスはいずれにもランキングされていない[1]。さら
に、スイスの再保険会社「スイス・リー（Swiss Re）」が2013年、世界616都
市を対象に公表した地震や暴風雨、高潮、津波、洪水などの自然災害で「最
も危険な都市ランキング」のなかでも、スイスはやはりランキングされてい
ない[2]。このため、「スイスで地震が起こる確率は1000年に1度」といわれ
ているせいか、防災用品を販売している店舗などはまず見かけない。
　実際、現地の友人や知人に災害への備えを尋ねても、核シェルターや食
料・飲料水などの備蓄、地元の基礎自治体はもとより、各教区や地区ごとに
結成されている市民防災組織による防災訓練には参加しているものの、地震
への警戒心は山岳部はともあれ、都市部ではほとんど感じられない。
　次に、津波や高潮、液状化、雪崩や山・崖崩れなどの土砂災害および暴風
や竜巻、豪雨、豪雪、洪水、河川の氾濫などの風水害だが、海がないため、
津波や高潮、液状化とは無縁である。雪崩や山・崖・土砂崩れ、土石流など

写真3—②　土砂災害のおそれがある山岳部

ツェルマット上部の登山道にて

の土砂災害および暴風や竜巻、豪雨、豪雪、洪水、河川の氾濫などの風水害
についても、1999年に万年雪のあるアルプス山脈の中腹や麓で雪崩、ライン
川西岸で暴風雨、ベルン州のグートタンネンで森林の倒木、2005年にアルプ
ス山脈の流域の河川で洪水が発生して37人が死亡、2017年に南東部のグラウ
ビュンデン州で土砂崩れにより8人が行方不明となるなどの被害があった

写真 3 ―③　"氷河の村"のサースフェーも今は昔

サースフェー上部の登山道にて

が、比較的限定されている。

　ただし、国民の約 1 割が生活しているアルプス山脈の麓や中腹などの山岳部では、年によっては春と秋、フェーン現象によって万年雪が溶け、雪崩や鉄砲水となって災害が発生するおそれがある。加えて、近年、気候変動にともなう地球温暖化のため、連邦政府が1864年に気象観測を始めて以来、気温の中央値が 2 度も上昇している。しかも、これは世界の中央値である0.9度の 2 倍以上であるため、これらの災害への懸念はある（**写真 3 ―②**）。

　現に、サースフェーやアルプス山脈最大のアレッチ氷河、グリンデルワルト郊外のシュレックホルン（標高4078m）など氷河の景観が売り物の観光地も10年前に比べ、どこも半分以上氷解して地肌がむき出しになって大きく後退している。このため、今世紀までに氷河や永久凍土の融解、冬場の降雨による河川の氾濫や夏場の熱波による健康、生態系への影響が懸念されてはいる（**写真 3 ―③**）。

　なお、1999年にスキーヤーが急斜面に降り積もった雪で滑落、14人が遭難死した。また、スイスアルペンクラブ（Schweizer Alpen-Club：SAC）の調

写真 3 —④　人為災害に要注意の山岳遭難

モンブランにて

査によると、登山やトレッキング[3]、スキー、マウンテンバイクにより転落
や滑落、高山病、転倒で死亡する者がここ数年、150-200人前後と増えてい
るが、その大半は遭難者の過失というべきで、これは自然災害とはいえず、
文字どおり、人為災害である（**写真 3 —④**）。

資料 3 ─② 　世界の主な火山

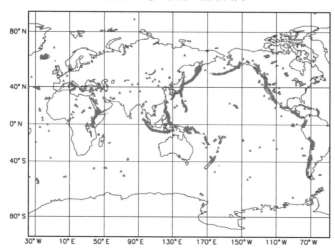

（注）火山は過去おおむね一万年間に活動のあったもの。
資料：スミソニアン自然史博物館（アメリカ）の Grobal Volcanism Program による火山データをも
　　　とに気象庁において作成。

出典：内閣府 HP、2018年。

　一方、火山だが、日本の気象庁がアメリカのスミソニアン自然史博物館の
「Grobal Volcanism Program（GVP）」の過去約 1 万年の間に活動があった
活火山をもとに作成した「世界の主な火山」によると、世界の主な火山は環
太平洋地震帯からインドネシア、ヒマラヤ、地中海へと続くユーラシアプレ
ートの南縁、イタリアの中部と南部にあり、いずれも地震帯となっている。
これに対し、標高4000m 級のアルプス山脈が48座もあるスイスでの造山活
動は、中生代末期から新生代前半にかけ、一部でみられたものの、その後、
いずれも終息している（資料 3 ─②）。
　しかも、これらの麓にはピカソやゲーテ、マーク・トウェインなどが静養
したヴァリス州のロイカーバードなど主な温泉地でも20ヶ所あるが、いずれ
も火山はない。このため、噴火はおろか、これにともなう地震や火砕流、溶
岩流などのおそれもない。もとより、山国のため、カルデラ[4)]や海底火山も
ない（写真 3 ─⑤）。

写真3—⑤　国内各地にある温泉

ロイカーバードにて

（2）人災および人為的災害

　一方、国連の国際比較統計やOECD、世銀などのHPによると、人災および人為的災害のうち、殺人事件はブラジル連邦共和国（ブラジル）、インド、メキシコ合衆国（メキシコ）が世界ワースト3であるのに対し、スイスはなんと第141位、交通事故はジョージア（グルジア）、ロシア連邦（ロシア）、アルゼンチン共和国（アルゼンチン）が世界ワースト3であるのに対し、こちらもスイスは第55位以内にもランキングされていない。また、テロはイラク共和国（イラク）、パキスタン・イスラム共和国（パキスタン）、アフリカが世界ワースト3であるのに対し、スイスは第90位以内にも入っていない。

　ただし、2011年に東部のダボスで開催された世界経済フォーラム（ダボス会議）の会場でテロ事件が2件発生、職員2人が負傷した。このため、連邦政府はこのような国際的な会議や行事が国内で開催される際は注意するよう、念のため呼びかけている。

　一方、人災および人為的災害では2010年、サン・モリッツ-ツェルマット

間のコンシュ谷でマッターホルン・ゴッタルド鉄道（MGB）の氷河特急（グレッシャー・エクスプレス）[5]が運転ミスのため、6両のうち、3両が転覆し、日本人1人が死亡、38人が重軽傷を負った。また、2014年、東部のティーフェンカステル駅近くのトンネル付近でレーティッシュ鉄道（RHB）が土砂崩れに遭い、8両のうち、3両が脱線、1両が断崖の斜面を滑落して10m下の木にひっかかり、日本人2人を含む11人が重軽傷を負った。

　これについて、同社は「事故前、豪雨が2日間続いたため、土砂崩れの危険性はあったが、過去、このような事故は一度も起きたことがなかったので予知できなかった」と釈明している。もっとも、この2件以外、フランスへ直行するTGV（Train à Grande Vitesse：新幹線）はもとより、ドイツやイタリア、オーストリア、さらにはスペイン王国（スペイン）やオランダ、デンマーク、ハンガリー、クロアチア共和国（クロアチア）、チェコ共和国（チェコ）などを結ぶ国際列車が頻繁に運行されているSBB（スイス連邦鉄道）をはじめ、トラムやトロリーバス、PTT（ポストバス）、登山電車、ロープウエー、ケーブルカー、湖船を抱える鉄道王国にしては過去、大惨事に至る災害は1件も起きておらず、世界で最も安全な国といわれている[6]（**写真3─⑥**）。

　なお、人為災害、人為的災害のいずれか判断が分かれる航空機事故では唯一、1998年にアメリカ・ニューヨークからジュネーブに向かっていたスイス航空（Swissair）で電気系統のショートにより火災が発生、カナダ沖の大西洋上に墜落し、乗員・乗客計229人全員が死亡したという事故があった。同航空はこの事故を機に信頼性を失って経営破綻に陥り、2002年に倒産、スイス連邦政府や州政府の援助によりスイス・インターナショナルエアラインズ（SWISS）、スイス・グローバルエアラインズ、エーデルワイス航空の3社に経営が引き継がれた。

　このうち、最大のSWISSは2007年、ドイツのルフトハンザ・ドイツ航空（Deutsche Lufthansa AG：LGA）グループに属し、以後、一度も事故を起こしていない。このため、ブリティッシュ・エアウエイズ（British Airways：BA、英国航空）、ニュージーランド航空（Air New Zealand：ANZ）、日本航空（Japan Airlines Co., Ltd.：JAL）とともに世界で最も安全な航空機の一つに数えられている。

写真3─⑥　アイガーなどを望む断崖の上を走る登山電車

ミューレン山岳鉄道（ＢＬＭ）の車内にて

　ダムや堤防の決壊、火災、爆発もほとんどない。

　残る原子力災害だが、前述したように、連邦政府は1986年、「脱原発」を宣言したほか、2016年に決定した「エネルギー戦略2050」に先立ち、前年の2015年、総発電量の23％を水力発電や太陽光発電、地熱（ヒートポンプ）、バイオマス（木材）、風力発電、ごみ焼却エネルギーなどの再生可能エネルギーに転換、2034年までに5基ある原発もすべて廃炉にする旨を表明している。同時に、今後、原発の新設をいっさい認めず、2050年、すべて再生可能エネルギーとし、環境の保全と原発事故の絶滅をめざしている。

●❷●　平常時の対策

（1）行政

　次に、行政の平常時の災害対策だが、連邦政府は1999年、自然災害予防国家調整機関（the National Platform for Natural Hazards：PLANAT）を設置、河川法や森林法、土地利用計画法にもとづく防災および自然災害予防の

目標と戦略を掲げたほか、2002年、「市民防衛及び民間防衛に関する連邦法」を制定するなど総合的な災害法制を整備した。そして、アルプス山脈などの山岳部や谷、断崖、峠、河川、急傾斜地にトンネルや砂防ダム、堰堤、防護柵、側溝を設け、雪崩や山・崖崩れなどの土砂災害および暴風や竜巻、豪雨、豪雪、洪水、河川の氾濫などの風水害に備えている。

　具体的には、連邦政府国防・国民保護・スポーツ省（VBS）所轄の民間防衛庁オペレーション・センター（NEOC）の24時間体制によりこれらの自然災害はもとより、放射能の異常や化学事故、ダムの崩壊、人工衛星の大気圏への再突入にともなう突発的な事件・事故の発生のキャッチを行っている。また、同庁内の計画、養成、防災建設、資材各局が市民保護のための防災・減災に応じた組織や計画、モニタリングシステム、人事考課、州政府および基礎自治体の指導者の養成、インフラの整備、物資の調達、供給に努めている。

　とりわけ、モニタリングシステムは長期観測体制と災害検知体制の２つとし、このうち、長期観測体制は河床の変動など土砂の状態や降雨量の観測、災害検知体制は土石流の発生や予兆など記録的短時間の雨量の観測、ワイヤーセンサーや監視カメラの設置を行っている。また、これに併せ、危機管理計画として住民や観光客への対応のため、警報システムの整備や避難計画、応急対策計画を策定している（写真3─⑦）。

　注目されるのは、自然災害を管理するうえでの基本的なコンセプトについて、従来、被災を想定していた対象や現象に対する最大限の計画からそれぞれのリスクに対する評価にもとづいた災害の許容、すなわち、防災・減災、さらにそのリスクのチェックやプランニングに移行したことである。

　具体的には、過去100年以上における土砂の移動や災害の記録の蓄積、リスクの評価にもとづいて災害対策の目標を立て、リスクマネジメント（危機管理）を行っている。また、これらの災害時の対策は基本的には被災が想定される各州政府と基礎自治体の任務としている。

　それだけではない。保険業法にもとづき、すべての国民に対し、火災保険とセットした自然災害保険への加入を義務づけている[7]。そして、雪崩や山・崖崩れなどの土砂災害、竜巻、豪雨、豪雪、洪水、河川の氾濫などの風水害で被災した場合、被災の規模の別なく、かつ上限額なしに所定の保険金

写真3—⑦　Ｕ字谷の傾斜地に設置した堰堤

ラウターブルンネンにて

を支払うほか、収入の一部を還元すべく、各州政府や基礎自治体の救助隊に
防災対策費を補助している。

　また、各州政府および基礎自治体は地元の消防署や警察署、病院、SBB、
消防団などと連携する。とくに基礎自治体に対しては自警団組織と市民防災
組織を動員すべく指揮を執る地域防災長の任命、また、地域防災計画の策定
を義務づけ、児童生徒や学生を含め、すべての住民が自警団組織、もしくは
市民防災組織に加入、防災訓練に参加し、防災・減災に当たることを周知徹
底している[8]（**写真3—⑧**）。

　具体的には、自警団組織は住宅自警団と職場自警団からなる。このうち、
住宅自警団は団長、核シェルターとは別に整備した軍の要塞や地下壕の待避
所[9]および看護・衛生の責任者など60-80人、職場自警団は行政機関や従業
員100人以上の企業・事業所、50床以上の病床を持つ病院などに設置され、
家庭や職場における「民間防衛」の規則の順守や各地域における安全と社会
秩序の確保、防護資材や医療用品の供給と確保、火災の消火、負傷者の応急
手当、治安の維持に当たる。とくに人口規模が大きな都市部や地方都市の基

写真3—⑧　地域防災長の指揮により消防車が出動する消防署
（右後方は観光遊覧飛行会社）

ツェルマットにて

礎自治体の場合、6 -10の各教区や地区ごとに住宅自警団をよりきめ細かく
区割りした区画自警団を編成するほか、都市部の周辺には対空防災隊も設置
し、各避難所への避難、あるいは核攻撃などから守る体制を敷いている。

　また、前述したように、連邦政府は民家やアパート、マンションなどの集
合住宅をはじめ、官公庁や駅、空港、学校、病院、施設、ホテル、劇場、商
店街、スーパー、NPO、企業・事業所に核シェルターを整備すべく、その
資金を補助している。このほか、外国軍の武力攻撃や大規模なテロなどの有
事は連邦政府、災害対策は州政府と基礎自治体の所轄としている。そして、
災害対策を有事と関連させ、各州政府と基礎自治体は各教区や地区ごとに消
防署や消防団、市民防衛組織との連携を通じ、市民保護および基礎自治体の
地域防災計画やハザードマップをふまえ、アルプス山脈の断崖や急流河川の
流域、急傾斜地などの危険個所の安全点検を常時行っている。

　なかでも特徴的なのは、今後も同様な災害に見舞われそうな危険個所は安
易に復旧工事をせず、被災状況を現状のまま残し、周辺住民や外国人観光

写真3—⑨　観光地ではとくに入念な危険個所の防災工事

グリンデルワルトにて

客、旅行者にその危険性を周知、啓発していることである。このため、日本のように被災地の住民の意見を十分聞かず、県外の大手ゼネコン（総合建設会社）に復旧・復興工事を発注、被災地の関係業者の雇用までも阻害するようなことはない。まして、東京五輪にみられるように作業員が給与の高い首都圏の土木工事の現場に移動したため、人手不足となり、復旧・復興が遅々

写真3—⑩　土砂災害の安全点検に余念がない作業員

ツムットにて

となるといったこともない（**写真3—⑨**、**写真3—⑩**）。

（2）企業・事業所

　このような連邦政府の主導による行政の災害対策に対し、企業・事業所も
これに協力し、官民一体によって防災・減災に努めている。

　まず、SBB などの公共交通機関は沿線の各州政府や基礎自治体と連携、雪
崩、山・崖崩れなどの土砂災害および暴風や豪雨、豪雪、洪水、河川の氾濫
などの風水害の危険個所にトンネルやスノーネット（防雪網）、スノーポー
ル（除雪用支柱）を整備している。また、SBB やトラム、PTT、登山電車、
ケーブルカー、ロープウエー、湖船の客席に災害時、乗客が車窓を破砕、た
だちに車外に脱出できるよう、ハンマーを取りつけている（**写真3—⑪**、**写
真3—⑫**）。

　同時に、従業員や利用者、周辺の住民、さらには通行人や外国人観光客、
旅行者も保護する。さらに、すべての民営鉄道や観光遊覧飛行会社、湖船
（遊覧船）会社も被災者や家庭医、診療所、州立総合病院、救助隊、消防署、

写真3—⑪　断崖に設けた登山電車のトンネル
（中央下部）とスノーネット（左隅）

ヴェンゲンにて

写真3—⑫　客席に取りつけられたハンマー
（右手窓際の赤い金具）

ロイカーバードへのＰＴＴ車内にて

写真 3 ―⑬　有事の際は弾薬、災害時は食料を運ぶロープウエーのゴンドラ

ラウターブルンネンにて

　警察署などの要請を受け、「ドクターヘリ」や「ドクターボート」に早変わりして出動、被災者の捜索や救護、救急搬送に協力、減災に努めることになっている（**写真 3 ―⑬**）。

　このほか、林業や建築業に携わる企業・事業所も住民や外国人観光客、旅行者、登山者が負傷したり、遭難したりした場合、資材の搬出入などの業務

写真3―⑭　災害時、「ドクターヘリ」に早変わりする業務用ヘリ

イーセンフルーにて

用ヘリコプターを「ドクターヘリ」として出動、最寄りの州立総合病院や大
学附属病院まで救急搬送すべく "助っ人" を買って出ることになっている
（**写真3**―⑭）。

　このほか、前述したように、ホテルやレストラン、スーパーなども社内や
店内に核シェルターを設置しているため、災害時、被災者に配給される食料

写真3─⑮　有事や災害時のため、食料品を1年備蓄している生協

インターラーケンの「ミグロ生協」にて

写真3─⑯　核シェルターが整備されている老人ホーム

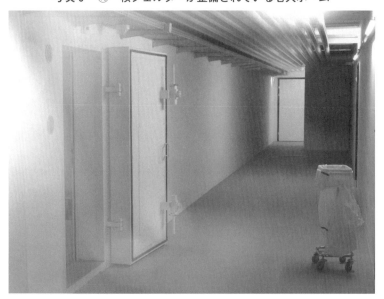

チューリヒ郊外の老人ホームにて

や飲料水などの配給に当たる。とくに「コープ・スイス」、「ミグロ」両生協は、組合員による協同組合運動[10]を通じ、店内に核シェルターを整備し、平常時、食料品を1年備蓄しており、賞味期限が切れる6ヶ月前、通常の販売価格よりも大幅にディスカウントして販売、在庫を一掃するほか、災害時、従業員や利用者、通行人、旅行者の保護や避難生活に協力することになっている（**写真3**―⑮）。

　なお、こちらも前述したように、特別養護老人ホームや養護老人ホーム、有料老人ホームも地下や1階に核シェルターを整備しているため、入所・入居者は有事や災害時、ただちにこの核シェルターに避難、備蓄されている食料や飲料水、空気清浄機、簡易シャワー・トイレ、卓球台、トレーニングジムなどで少なくとも2ヶ月以上避難生活を送ることができるようにしている（**写真3**―⑯）。

（3）国民

　国民もまた、連邦政府や州政府、基礎自治体の補助[11]を受け、自宅やアパート、マンションなどの集合住宅の地下や1階に核シェルターを建設し、小麦は1年、その他の食料や飲料水は2ヶ月備蓄するとともに、食器や調理器具、ガスコンロ、冷蔵庫、簡易シャワー・トイレ、ベッド、空気清浄器、自家発電機、軍服も保管、少なくとも2ヶ月間、互助によっては最長半年間、避難生活を送ることができるよう、有事はもとより、災害時に備えている。

　そこで、有事や災害時にはまず自宅やアパート、マンションなどの集合住宅に在宅避難することを基本としており、日本のように深夜や未明でも最寄りの官公庁舎や学校、公園などに避難する危険がない。たまたま学校や職場、買い物や病院、施設などへ行くため、外出中の場合、それぞれの関係先が整備している核シェルターに避難する。

　しかも、これらの核シェルターには食料や飲料水、調理器具、ガスコンロ、冷蔵庫、空気清浄機、簡易シャワー・トイレはもとより、卓球台やジムなどが併設されているため、同時に避難した者どうしがコミュニケーションを図り、救助や炊き出しに努めなくてもふだんからの見守りや安否確認などの互助に徹し、長引く避難生活にともなうエコノミークラス症候群や持病の

写真3―⑰　食料や空気清浄機もあるアパートの核シェルター

シュビーツの知人のアパートにて

併発、災害疲労死、災害関連死、未治療死に陥らないよう努めることになっている。このため、避難生活におけるルールの徹底や避難所の運営などは、大規模災害で避難生活が在宅避難で済まない場合に自警団組織や市民防災組織が出動、これに参加、協働するにすぎない（**写真3―⑰**）。

　具体的には、有事と同様、『民間防衛』のマニュアルにもとづき市民防災

組織が各州政府や基礎自治体と連携し、消防隊や病院、その他の協力者とともに被災者の捜索や救援、炊き出しや救護など所定の任務に就き、第一次出動として活動する。大規模災害の場合、第二次出動とされた地元の病院やその他協力者、あるいは第三次出動とされた連邦軍や予備役、民兵の指示を受け、消火活動や行方不明者の捜索、負傷者や病人の救護、搬送、炊き出し、連絡、広報、道路の復旧、社会秩序の維持など災害ボランティアに努めることになっている。

　もっとも、雪崩や山・崖崩れなどの土砂災害および暴風や竜巻、豪雨、豪雪、洪水、河川の氾濫など風水害のおそれがある山岳部はともかく、近年、移民が増えている都市部の住民の大半は災害時に核シェルターに避難すればよいなどというだけで、防災・減災への関心が少ない傾向にあることは否めない。

　このため、連邦政府や州政府、基礎自治体は、有事はもとより、災害時でも『民間防衛』のマニュアルにもとづき、国民がしかるべき任務に就いて行動し、国土の維持と市民保護の役割を果たすことができるかどうか、不安視しているのが実情である。見方を変えれば、それだけスイスでは過去700年、M6-7クラスの地震などの大規模災害が5-6回しか発生していないからだが、それでも官民一体により防災・減災に努めている。それはともかく、各州政府や基礎自治体では、各教区や地区ごとの市民防衛組織が基礎自治体や消防署、消防団と連携し、基礎自治体が作成している地域防災計画やハザードマップ（被害予測地図）をふまえ、児童生徒や学生を含めてすべての住民が毎月のように高齢者や障害児者、児童、妊産婦、低所得者の見守りや安否確認、防災訓練を行っている。

　また、中世以来、キリスト教徒は地域の教会への教会税[12]の納付とその宗教倫理である「隣人愛」にもとづき、日曜礼拝時などでの団欒を通じ、平常時、各教区や地区ごとに互いの見守りや安否確認に努めている。山岳部では複数の農家が牧草地を共同管理、牧畜小屋で牛や山羊を飼育し、バターやチーズ、ソーセージ、ジャガイモなどの生産や販売を通じ、都市部以上に峡谷共同体として住民どうしの見守りや安否確認に取り組んでいる（**写真3－**⑱）。

　加えて、基礎自治体は連邦政府と州政府の指示を受け、「民間防衛」の一

写真3—⑱　住民どうしの見守りや安否確認が盛んな山岳部

ギンメルワルトにて

　環として市民防衛隊[13]を組織しており、すべての住民が有事に備え、防災
訓練に参加するとともに被災者の捜索や救護、生活再建に協力しているが、
近年は防災・減災にも生かしている。
　前述した市民防災組織との関係では、有事の際の戦時消防や復旧工事、電
気・ガス・水道などのライフラインの復旧、負傷者や病人の看護、救急搬送
などの衛生、核兵器や化学兵器などの危険性の探知をはじめ、放射能や毒性
の除去などの核兵器や化学兵器対策、公民館や学校、病院、ホテル、公園、
広場、河川敷、企業・事業所など各避難所での被災者への炊き出しや被災者
の救助などの生活支援、市民防災組織内の各種輸送業務の輸送、勤務中の民
間防災団員や被災者への炊き出し、各種物資や資材、施設を確保する補給に
当たることになっている。
　一方、住民として参考になるのは、地元の基礎自治体が作成、配布してい
るハザードマップである。これは連邦政府がすべての基礎自治体にその作成
と配布を義務づけているもので、雪崩や山・崖崩れなどの土砂災害や竜巻、
豪雨、豪雪、豪雨、洪水、河川の氾濫などの風水害の危険度の高い順に紫、

写真3—⑲　基礎自治体のハザードマップ
（中央の緑の横線は河川）

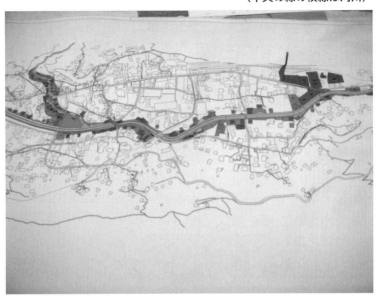

ツェルマットの基礎自治体にて

赤、黄に色別されている。

　ただし、基礎自治体の地域のなかには、ハザードマップの公開によって商業地や住宅地の地価が下がるため、記載に慎重な行動を求める声も聞かれる。このため、関係の基礎自治体ではどのように対処すべきか、頭を抱えているところもないわけではない（**写真3—⑲**）。

　参考まで、1864年、ヨーロッパの12ヵ国がジュネーブ条約に調印、国際赤十字社がジュネーブに設置され、国際的な赤十字活動が始まったのもスイスである。また、1971年、スイス赤十字の救助機関としてチューリヒ近郊など12ヶ所に設立されたNPOのスイス救助犬協会「REDOG」も被災者や消防、警察など関係機関からの災害救助犬の出動の要請を受け、行方不明者の捜索に協力することになっている[14]。

　具体的には、会員約700人の寄附金にもとづいて運営されており、被災者や消防、警察など関係機関からの要請を受け、レスキュー隊が1チーム当たり3頭の災害救助犬を連れて被災地に急行、行方不明者の捜索や救出に当た

る。その活躍ぶりは阪神・淡路大震災や東日本大震災の際、在京のスイス大使館の要請を受け、スイスから被災地に急行、被災者の捜索に協力したことはまだ記憶に新しい。

　なお、前述したように、連邦政府、州政府、基礎自治体を問わず、議員の4人に1人は地元の各種団体や公的機関などで無報酬のボランティア活動に参加しているが、このことは平常時、基礎自治体の各教区や地区ごとに高齢者や障害児者、児童、妊産婦、低所得者、貧困者、外国人などの見守りや安否確認などに努めている者もいる。また、ジュネーブに本部がある海外渡航安全管理法人、インタナショナルSOSアシスタント社は約3000万人の会員による運営資金で世界90か国に1000ヶ所の拠点、1万1000人以上の医療・救護スタッフを擁しており、1991年の湾岸戦争で負傷した兵士や民間人を専用機で救急支援したことで知られている。

●❸●　防災福祉

（1）行政

　上述したように、スイスの災害対策は連邦政府の自然災害予防国家調整機関（PLANAT）が所管しているが、防災・減災とも大規模災害以外は基本的には被災地の各州政府と基礎自治体の任務となっている。

　具体的には、消防、または市民防災組織の長が地域防災長として災害発生直後から指揮を執り、被災地の各基礎自治体に災害対策本部が設置され、地域防災に関係する関係機関の代表が各基礎自治体を通じ、非常警報や支援情報が住民に伝達するとともに、住宅自警団と職場自警団からなる自警団組織および市民防災組織に対し、住民への避難誘導や消火、被災者の捜索・救護、搬送を指示する。交通事故や火災など日常的な災害の場合、警察や消防、救急処置サービスなどの第一次出動で対応する。

　その際、被災地に高低のあるサイレン音を1分間鳴らし、自宅や学校、職場など最寄りの核シェルター、または軍の要塞や地下壕の待避所に避難する。洪水のおそれがある場合、サイレンを繰り返して25秒ずつ、5秒の間隔で鳴らし、高台へ避難するよう知らせる。災害が大規模な場合、各基礎自治体や州政府の要請を受け、連邦政府が軍への出動を命令、以後、軍は各州政

写真3—⑳　U字谷の山岳部でも設置されている消火栓

ラウターブルンネンにて

府の司令本部の指揮下に入り、警察・消防・公共医療サービス・テクニカル
サービス（電気、ガス、水道などのライフライン）、および連邦指揮下の保
護支援サービス（市民保護）と連邦軍が対処する。

　一方、各州政府や基礎自治体は地元の消防や市民防災組織に第一次出動を
命ずる。それでも体制が不十分な場合、病院やその他協力者を加え、第二次
出動を命ずる。複数の基礎自治体や州政府に及ぶ大規模災害の場合、連邦軍
のほか、予備役や民兵が第三次出動の命令を受け、消防、救護、負傷者や病
人の看護・搬送、炊き出し、連絡、広報、道路の復旧、社会秩序の維持など
減災に努めることになっている[15]。もとより、都市部や山岳部を問わず、
どこにおいても消火栓が完備されている（**写真3—⑳**）。

　しかし、このような第三次出動の命令による大規模災害は過去に一度も発
生していないため、連邦軍や予備役、民兵の第三次出動の実績はない。

　これについて、連邦政府防衛・市民保護・スポーツ省は「有事や災害時、
全土に一斉にサイレンを流して警告するが、その内容やその他の事柄はすべ
て電話帳の巻末に記載されているので、被災者はこれに従って行動し、追加

図表 3 ―①　スイスの災害対策

理念：国防＝防災（総合安全保障） 組織：連邦政府　自然災害予防国家調整機関による州政府・基礎自治体など関 　　　　　　係機関の連絡・調整・統括 州政府・基礎自治体　軍隊・警察・消防隊・避難所指定・運営・生活再建 企業・事業所　市民防災組織（民間防衛隊）・REGA・REDOG・生協など 国民　自宅・学校・職場・外出先の核シェルターへの避難・市民防衛隊（住 　　　宅・食料・物資班など）・災害ボランティア

　出典：前出「スイスの災害対策」『避難所づくりに活かす18の視点（別冊　地域
　　　　保健）』東京法規出版、2018年、91ページを改変。

　事項は州政府や基礎自治体から住民にただちに伝達することになっている」。
「万一の際、住民はもとより、外国人駐在員や観光客も自宅や職場、学校、
外出・旅行先の核シェルターに避難すれば少なくとも 2 ヶ月は避難生活が可
能で、一番安全だ。それ以外のところに避難すればむしろ危険だ」。
　さらに、「災害の規模や程度、被災者や被災地の状況に応じ、『民間防衛』
に示したマニュアルに従い、平常時の訓練によって習得した各基礎自治体の
教区や地区における死傷者の捜索や救護・搬送、被災者への炊き出し、連
絡、広報、道路の復旧、社会秩序の維持などの任務に努めるよう、指示して
いる」と断言する（**図表 3 ―①**）。

（2）企業・事業所

　これに対し、企業・事業所では兵役を終えた大企業の社長は将軍、部長以
上の役職者は中佐、または大佐級で、かつその後も 1 年のうち、 3 分の 1 は
軍隊に行っており、有事の際、高級民兵として出動する。平常時は非番や毎
週土・日曜日や祝祭日はもとより、非番や仕事の合間、地域のボランティア
活動に参加し、各種 NPO に対し、バザーによる収益金の寄附などを通じ、
地域福祉に努めるが、災害時は『民間防衛』のマニュアルにもとづき、被災
者の捜索や救援、炊き出しなど所定の任務に就き、災害ボランティアとして
活動することを使命としている。

（3）国民

　一方、国民の大半は居住する各教区や地区の市民防衛組織に所属し、防災

写真3─㉑　国内のどこでもアルプス山脈の水が飲めるスイス

SBB チューリヒ中央駅前にて

訓練に参加するほか、「REGA」に加入し、内外での急病や震災、犯罪など
の事件、交通事故、山岳遭難、テロなどの際、救援や救出の要請を受けられ
るよう、万一に備えている。そして、災害時、自宅やアパートなどの集合住
宅、あるいは外出先の核シェルターに避難するほか、状況により各教区や地
区における死傷者の捜索や救助、搬送、被災者への炊き出し、連絡、広報、

写真 3 ―㉒　一部で防災への関心が薄いといわれるスイス人

建国記念日のチューリヒにて

道路の復旧、社会秩序の維持などの任務に当たり、減災に努めることになっている。

　なお、避難生活に欠かせない飲料水は都市部、山岳部を問わず、国内のどこでもアルプス山脈の伏流水がいつでも飲める噴水（水飲み場）が無数にある。たとえばチューリッヒには1200ヶ所以上あり、世界で最も飲料水に恵まれた都市といわれている。なぜなら、スイスはアルプス山脈を抱えているため、その水源は国内に295ヶ所もあり、“ヨーロッパの水がめ”ともなっているからであるが、この点でも災害時や有事の際の強味となっている（**写真 3 ―㉑**）。

　いずれにしても、スイスはこのように「永世中立国」として専守防衛と人道援助を国是とした平和外交をベースに、総合安全保障の一環として有事と災害対策、さらには社会保障・社会福祉と連携させて防災福祉に努めているが、有史以来、大規模災害はほとんどない。このため、国民の防災・減災への関心がいまひとつ高まらないのが連邦政府、州政府、基礎自治体の悩みでもある（**写真 3 ―㉒**）。

1）日本は世界第5位、また、地震の頻度<ruby>頻度<rt>ひんど</rt></ruby>や年平均の被災による死亡者は同4位。

2）トップは東京と横浜。以下、マニラ、珠江デルタ（中国）、大阪・神戸、ジャカルタ、名古屋、コルカタ（インド）、上海、ロサンゼルス、テヘランの順。

3）山頂への登頂をめざさない山歩きだが、ハイキングやウォーキングよりも高度な技術が必要。

4）火山噴火でできた窪地の地形。

5）最高地点は標高2233mだが、平均時速は約34kmのため、「世界で最も遅い特急」といわれている。

6）世界経済フォーラム「世界競争力報告」によると、スイスは世界第5位、日本は同10位。ちなみに同1位はフィンランド。

7）前出「スイスの災害対応」榛沢和彦監修『避難所づくりに活かす18の視点』90ページ。

8）スイス政府編『民間防衛』原書房、2011年、前出「スイスの災害対応」『避難所づくりに活かす18の視点』90ページ。

9）核シェルターとは別の軍専用の施設。

10）「スイスコープ」、「ミグロ生協」で国内の小売市場の過半数を占める売り上げを誇っている。

11）補助率は建設・整備費の全体の75％。

12）法的義務ではなく、自発的に納付。金額は教会により年収の2-3％。

13）ほとんどの基礎自治体は市民防災組織と併用。

14）アルプス山脈で山岳遭難に見舞われた登山者を捜索したり、救助したりするため、スイスで初めて災害救助犬を使ったのが始まり。現在、スイス陸軍がその育成に当たっている。

15）前出『民間防衛』、拙著『防災福祉のまちづくり』水曜社、122-134ページ、前出「スイスの災害対応」『避難所づくりに活かす18の視点』90ページ。

終章

日本の歩むべき道

●❶● スイスと日本

（1）国勢

　さて、「防災福祉先進国・スイス」と題し、第1章で「スイスの国勢」、第2章で「スイスの社会保障と有事対策」、第3章で「スイスの防災福祉」について紹介した。終章ではこのようなスイスに学ぶべく、「日本の歩むべき道」について述べたい。

　まず両国の国勢だが、前述したように、スイスはドイツやフランス、イタリア、オーストリアの列強に接する小国でありながら、多言語・多文化共生の国である。また、ゲルマン民族を中心に湖畔や断崖、渓谷、丘陵地、高原、平原・平地に集落を形成、キリスト教の宗教倫理である「隣人愛」、「コープ・スイス」・「ミグロ生協」の二大生協および国民の「REGA」などへの加入にみられるように国民の自立と連帯が強い。また、連邦政府は「永世中立国」として専守防衛や人道援助、「民間防衛」による有事対策と災害対策との連動に努める半面、交通インフラや農家の戸別所得補償、アルプス山脈や湖畔のトレッキングや遊覧などの観光を通じて地域を活性化、かつ世界一給与が高い割には税金の負担が軽いにもかかわらず、社会保障を拡充している。このため、国民生活の満足度は世界のトップレベルで、移住先や海外旅行先として広く人気を集めている。

　これに対し、日本は、四方を海で囲まれ、かつ2300万-5300万年前の中新世、太平洋プレートとフィリピン海プレートが沈み込んでユーラシア大陸から分離、2万年前ごろ現在の列島となり、スイスの約9倍の面積である（**資料終―①**）。

　歴史的には、縄文時代から弥生時代にかけ、中国大陸から朝鮮半島を経て稲作農耕が伝搬、農耕社会を形成した。その後、古墳時代から飛鳥、奈良、平安、鎌倉、室町、安土桃山時代へと移り、豪族や貴族、朝廷（天皇）、武士が権力を握った。そして、1590年、太田道灌が武蔵国豊嶋郡江戸（現東京都千代田区）の麹町台地に築いた平山城に徳川家康が入城、1600年、関ヶ原の戦いで西軍の石田三成を破って天下を統一、1603年、征夷大将軍となって江戸幕府を開府、約250の諸藩を統一して準分権国家を樹立した[1]。

　徳川家の居城となった江戸城は江戸湊（現東京湾）の日比谷入江（皇居日

資料終─①　日本付近のプレート

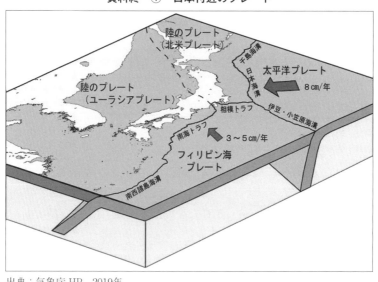

出典：気象庁 HP、2019年。

比谷濠）を神田山（神田駿河台：標高約17m）の削土で埋め立て、1636年、
３代将軍の家光の時代に完成した。もっとも、その幕府も薩摩、長州、土
佐、肥前藩を中心とした倒幕運動を受け、1867年、15代将軍、徳川慶喜が大
政奉還し、1871年、明治新政府が誕生、廃藩置県によって各藩は消滅した。
そして、1889年、天皇を元首とする大日本帝国憲法が公布されて王政復古と
なり、立憲君主制のもと、集権国家に逆戻りした。

　その後、「富国強兵」と「殖産興業」のかけ声のなか、日清・日露戦争で
の"勝利"にともなう特需を通じ、製糸・紡績業、自動織機などの軽工業か
ら製鉄、造船などの重工業を興し、産業革命を遂げたのち、「大東亜共栄圏」
の名のもと、日本の領土の拡大と資源の獲得をめざしてアジア諸国を侵略し
たが、アメリカやイギリスなどの連合国軍によって第二次世界大戦（アジア
太平洋戦争）で敗戦、1945年８月、「ポツダム宣言」を受諾して終戦を迎え
た。これを受け、翌1946年、天皇を元首から国民統合の象徴に改めたうえ、
国民主権、基本的人権の尊重、平和主義を三大原則とする日本国憲法を公
布、軍事・戦争国家から平和・福祉国家の道をめざすことになった。そし
て、自動車や住宅、家電製品など新たな産業を興して高度経済成長を遂げ、

国全体の名目 GDP でアメリカに次ぐ世界第 2 位の経済大国にのし上がった
が、1970年代、世界的な石油危機に見舞われた。

　その後、バブル経済で乗り切ったのも束の間、1990年代に崩壊後、リーマ
ン・ショックや経済のグローバル化、長引くデフレ不況に見舞われ、国全体
の名目 GDP は約7040億ドル（84兆4800億円）[2]、国民 1 人当たりの名目 GDP
は約 8 万2950ドル（995万4000円）と同 2 位の座を取り戻したが、2011年に
は中国に追い抜かれた。この結果、世界第 3 位となったものの、独特の文化
や料理、神社仏閣、「世界遺産」の富士山、京都などの名所、治安やもてな
しのよさが人気で、外国人の訪日は年々増加、2020年には約3430万人にのぼ
る勢いで旅行・観光競争力は世界第10位のスイスなどを抜いて同 4 位[3]に躍
進しつつある[4]。もっとも、国民 1 人当たりの名目 GDP は2019年で約 3 万
9304ドル（471万6480円）と同26位に甘んじており[5]、過酷な労働の割りに
は生活が報われておらず、雇用者の約 4 割は非正規で引きこもりや自殺、過
労死する者が絶えない。

　現に、国民の幸福度はフィンランド共和国（フィンランド）、デンマーク、
ノルウェー王国（ノルウェー）、アイスランドに次いでスイスが世界第 6 位
であるのに対し、日本は同58位にとどまっている[6]。その最大の元凶といえ
る少子高齢化にともない、毎年、自然増の社会保障給付費は予算全体の30%
前後に抑制している半面、社会保障の財源とされるべき消費税の大半は2019
年度末現在、対 GDP（国内総生産）比198%で1122兆円に達している国およ
び地方の長期債務残高の返済に充てられている[7]。また、総額約102兆6580
億円と前年比1.2%増の2020年の政府予算案でも在日米軍駐留経費負担（思
いやり予算）や陸上配備型迎撃ミサイルシステム「イージス・アショア」の
発射装置、ステルス戦闘機 F35B 機の購入など米国製兵器の爆買いにともな
い、過去最高の約 5 兆3000億円の防衛費[8]や宇宙・サイバー開発費をはじ
め、東京五輪や2025年の大阪・関西万国博覧会（大阪・関西万博）の会場建
設費、整備新幹線の融資・補助など旧態依然とした土建型公共事業を強行し
ている。しかも、2020年度当初予算案では GDP の実質成長率を1.4%とのプ
ラス成長と見通し、かつ赤字国債を23兆3500億円も計上、政治献金元の日本
医師会や製薬会社の利権がからむ医療にはさっぱりメスが入らず、年金生活
者や要介護高齢者など旧態依然として弱者いじめが続き、所得の再分配が一

写真終―①　災害対策に消極的な日本

東京都渋谷区のスクランブル交差点にて

向にされておらず、財政の健全化の見通しが立っていない。

　一方、災害対策は東日本大震災の復興のため、政府は、震災後に設置した復興庁を当初の2020年度末から2030年度末に延長、復興事業費も総額約32兆円台後半を確保、防潮堤のかさ上げや放射性廃棄物の中間貯蔵施設の整備などに努める方針だが、こちらも国土 強 靭 化や防災・減災の美名のもと、ハ
　　　　　　　　　　　　　　　　（きょうじん）
ード優先、ソフトは二の次で大地主やゼネコンの利益誘導となっており、被災者の生活再建などは打ち切りつつある。現に、被災者向けに整備された約３万戸の災害公営住宅（復興住宅）に対して補助してきた補助率を2021年度以降、通常の激甚災害並みに引き下げる旨を検討し始め、関係自治体から反発や不安の声が上がっている有様である[9]（**写真終―①**）。

（2）行政

　次に行政だが、スイスは直接・半直接民主制（政）で連邦政府、州政府、基礎自治体の三層構造からなる分権国家である。また、新しい法案の制定や政策の是非について、その都度国民・州民投票で問うているため、民意が直

写真終—②　強制合併で限界集落化の地方

島根県・隠岐の島にて

接、政治に届けられている。しかも、連邦政府による基礎自治体の強制合併や利用者の減少による赤字の公共交通機関を廃止せず、補助しているため、過疎化によって限界集落[10]となることはなく、都市部よりも自然豊かな山岳部の方にむしろ人気がある。いずれも官民一体による国土の維持や国境の警備、環境の保全、家並みの保存、農業の保護によるたまものである。

　これに対し、日本は戦後、日本国憲法のもと、立法、行政、司法による三権分立および間接民主制を敷いたものの、官尊民卑やお上意識、男尊女卑など保守的な政治風土が根強いうえ、集権国家のままである。このため、地方選挙も中央に倣えで保守化、国費の無駄扱いや不適切な経理など改善が必要な事業が毎年1000億円前後もある半面[11]、都道府県や市町村は相変わらず"３割自治"に泣かされている。また、多くの自治体も住民・市民自治の希薄をいいことに硬直化、ふるさと納税の返礼品で政府からクレームを受けている自治体もあるが、裏を返せば戦後約75年、旧態依然とした集権国家のもと、地方は疲弊したままの証左でもある。

　それだけではない。新しい法案の制定や政策の是非は国政選挙でひとまと

写真終─③　格差と貧困の拡大でホームレスも急増

京都市上京区の鴨川にて

めに国民の信を問うているため、多数の議席を誇る自公政権が「一強多弱」をいいことに強権を発動している結果、民意が政治に十分反映されない。肝心の野党も国家百年の大計もなく、政権や官僚の失政を追及するだけで行き当たりばったりである。「社会の公器」であるはずのメディアも官邸や広告収入先の大企業に牛耳られている。このため、2020年2－4月の新型コロナ

ウイルス対策をみるまでもなく、常に後手後手で、かつ対処療法のため、戦後約75年、事実上、自民党の長期政権による対米従属や大地主、大企業の利権誘導、政官財の癒着による政治・経済政策がまかり通っている。

その象徴が沖縄県宜野湾市の米軍普天間飛行場の名護市辺野古への移設の問題で、政府は圧倒的多数の県民が反対している埋め立て工事を強行している。また、明治、昭和、平成と３度にわたって市町村合併を強行、幕末に約６万3000あった自然村[12]は2018年10月時点で1741市町村[13]の行政村に縮減、限界集落化するなど東京一極集中が加速し、地方は疲弊するばかりである（**写真終―②**）[14]。

また、消費税の相次ぐ引き上げ[15]にともない、国民負担率は2019年10月現在、43.8％[16]、貧困率は15.6％と高い反面、雇用者の全体の約４割は非正規で格差と貧困が拡大し、格差社会から分断社会へと悪化、先行きが見通せない情勢である（**写真終―③**）。

（3）社会保障

社会保障は、スイスは国民皆年金・皆保険体制を敷き、すべての国民に共通した基礎年金を導入している。この結果、高い給与の現役時代、企業年金や個人年金に加入していなければ老後の生活資金は不足するものの、少子高齢化は日本ほど今後も進まず、都市部、山岳部を問わず、医療圏が主治医、州立総合病院、大学附属病院が整備されている。一部に無医地区があるものの、「REGA」のドクターヘリによる救急搬送を行っているため、2020年初頭の世界的な新型コロナウイルスの感染拡大などによる"医療崩壊"のおそれはない。また、介護はスウェーデンやデンマークなど北欧諸国のレベルには達していないほか、子育てに限っては日本とともに先進国のなかで最低のレベルだが、世界一高い給与とあって失業者や貧困者はきわめて少ない。しかも、自立と連帯が根強く、高齢者や障害児者、子ども・子育て家庭、生活困窮者、路上生活に陥りそうな者、外国人などの見守りや安否確認に努めているため、いわゆるホームレスは見当たらない。基礎自治体や教会、NPO、企業・事業所が運営している老人ホームやシュピテクス、有料老人ホーム、デイサービス、ショートステイなども充実している。

これに対し、日本も1961年に国民皆年金・皆保険体制を敷くとともに、

写真終—④　「老老介護」や「認認介護」が急増している日本

岐阜市にて

1986年には国民年金を全国民共通の基礎年金とし、国民年金や厚生年金など
の公的年金、企業年金、個人年金からなる国民皆年金としている[17]。もっ
とも、非正規雇用者は公的年金などに加入できず、2004年、政府が示した
「100年安心年金プラン」はほころびており、老後の生活費は公的年金だけで
は不安である。また、保険医療機関は都市部に集中しており、医師の加重労
働の半面、患者にしてみれば「3時間待って3分診療」、地方は無医地区が
増えている。子育て支援も育児休業制度があるものの、企業・事業所の理解
が不十分で活用が進まず、スイスよりも見劣りする。

　このようななか、政府は2065年の本格的な少子高齢社会および人口減少を
見据え、2000年から2008年にかけ、介護保険および後期高齢者医療制度を導
入、また、2005年、「子ども・子育て応援プラン」によって老人ホームや保
育園の待機者の解消、男女の育児休業の取得などに努めているが、介護職員
や保育士の給与は全産業の被用者と比べて月額6-7万円と依然として低い
ため、人手不足のうえ、離職率が高い。このため、不足する介護職を「技能
実習生」の名目で、低賃金で済ませようと外国人を受け入れつつあるが、移

民とまでは考えていない。いきおい、非正規雇用者は国民健康保険に加入する余裕もないため、病気になっても保険医療機関にかかれず、ホームレスやネットカフェ難民などが急増、孤独死したり、失踪や犯罪に走ったりする始末である。また、在宅での老親に対する家族の「老老介護[18]」や「認認介護[19]」なども深刻化しており、介護殺人、親子無理心中、孤独死、虐待などの事件や悲劇が各地で発生しているのが現状である（**写真終―④**）。

（4）災害の危険度

　一方、災害の危険度だが、スイスは山国のため、津波や高潮、液状化の心配はない。活断層も唯一、ジュラ山脈にあるだけで、M6以上の地震は1356年、バーゼルで発生して市街地が壊滅した災害があったものの、このような巨大地震は過去700年間で5-6回しか起きていない。雪崩、山・崖崩れなどの土砂災害や暴風、竜巻、豪雨、豪雪、洪水、河川の氾濫などの風水害の危険度もほとんどなく、活火山[20]もない。原発は2034年までに現在ある5基をすべて廃炉にするとともに、今後の新設を認めないことになっており、原子力災害の心配も払拭されつつある。

　これに対し、日本は北海道から本州、四国、九州、沖縄・小笠原諸島までオホーツク海や太平洋、東シナ海、日本海に囲まれており、かつ毎年、太平洋プレートとフィリピン海プレートが陸の北米プレートやユーラシアプレートへ3-8センチずつ移動し、沈み込んでいる。これにともない、これらのプレート移動によって複雑な力がかかっているうえ、活断層は確認されているだけでも約2000あるため、内陸（直下）型、海溝型のいずれも世界有数の地震多発地帯となっている（**前出・資料終―①**）。

　現に、1611年に青森、岩手、宮城県の三陸沖でM8.5-9、震度4-5の慶長三陸地震をはじめ、1896年にM8.2-8.5、最大震度4の明治三陸地震、1933年にM7.9、最大震度5の昭和三陸地震が続発している。また、関東や関西地方では1924年にM7.9、最大震度6の関東大震災（大正関東地震）をはじめ、1995年にM7.3、最大震度7の阪神・淡路大震災、東北地方では2011年にM9、最大震度7の東日本大震災および東京電力福島第一原発事故が発生し、その都度、各地で数十万人から数千人の死者・行方不明者、災害関連死を数えているが、被災者の生活再建は一向に進んでいない。

　阪神・淡路大震災の被災地、神戸市長田区は同市が総事業費約4890億円を投じ、市街地の再開発を進めたものの、テナント料の高騰で入店が少なく、かつての商店街のにぎわいはない。東日本大震災および東電福島第一原発事故の被災地では人口の流失が止まらず、岩手、宮城、福島 3 県で2020年までの10年間に約 8 万2000人も減少[21]、原発被災地の帰還困難区域に至っては除染は一部だけで、かつ汚染物質の最終処分場も決まらず、野積みにされたままである。

　しかも、その後も災害は各地で頻繁に繰り返しており、2016年の熊本地震では M7.3-6.2、震度 7 - 6 弱の前震、本震、余震が繰り返し、死者50人を出した。2018年の北海道胆振東部地震では M6.7、震度 7 で死者42人、また、ブラックアウト（大規模停電）を招いた。同年の西日本豪雨では263人が水死、豪雨によって満水になった国土交通省四国地方整備局のダム管理事務所が「避難指示」を発令、緊急放流したため、下流の住民 5 人が飲み込まれた。このため、同局は今後、緊急放流の時間を 3 時間前に通知することにしたが、住民はダムに殺されたも同然で、裁判沙汰になっている。

　一方、関東大震災を起こした相模トラフは今後30年以内にＭ 7 クラス、震度 6 強-7の首都直下地震を発生する確率が70％、また、静岡から三重、和歌山、高知、大分、宮崎県沖にかけて延びる駿河トラフや南海トラフも今後30年以内にＭ 8 - 9 クラス、震度 6 弱-7の南海トラフ巨大地震を発生させる確率が70-80％、しかも、 3 ｍ以上の津波の発生は352市町村といわれている。それも各県沖で10-30ｍを超える津波が予想されている。築約40年を超える旧耐震基準の戸建て住宅やマンションは空き家が増え、倒壊が懸念されている。JR 東海道新幹線や東名高速道路も倒壊し、万一の場合、死者・行方不明者約32万3000人、避難者950万人、被害総額は231兆7000億円にのぼると想定されている[22]。このほか、青森県東方沖から千葉県房総沖にかけて広がる日本海溝を震源とするＭ 7 - 9 クラスの日本海地震が今後30年以内に30-90％の確率で発生すると予想されている。

　また、毎年 7 - 9 月、台風が本土に上陸、もしくは接近しており、1934年に最大風速60ｍの室戸台風、1945年に同62.7ｍの枕崎台風、1959年に同40ｍの伊勢湾台風が来襲、数千人から数百人の死者・行方不明者を出している。2012年の山梨県大月市の中央自動車道笹子トンネル事故と同様のトン

ネルは約4400ヶ所、橋梁も同 6 万9000ヶ所もある[23]。このほか、農林水産、国土交通両省によると、危険な溜<ruby>溜<rt>た</rt></ruby>め池は全国に 6 万3722ヶ所、土砂災害警戒区域も約54万2000ヶ所あるが、このような災害時に備え、避難経路を記載したハザードマップは全体の46％、福祉避難所の収容人数は対象者の 1 割にとどまっている[24]。このため、政府は2018年、各地の河川の堤防のかさ上げや非常用電源施設の整備など総事業費約 7 兆円を計上、国土<ruby>強靭<rt>きょうじん</rt></ruby>化に乗り出さざるを得ない有様である。このほか、自治体によっては災害の危険度のある地域の情報公開も不動産価値の低下にともなう商取引の不振をおそれる業者への忖度のため、消極的な傾向にある[25]。

　そこで、気象庁は国内最大級のポータルサイト「Yahoo!」などと提携、2019年から土砂災害や洪水の危険度を地図上に色別、アプリで災害情報を希望する自治体に登録するとスマートフォンやウェブサイトを通じ、その危険度を自治体単位で通知するサービスを開始することにした。政府の地震調査研究推進本部もこれまで地震の危険度を示す色が異なっていた全国地震予測地図を危険度の高い順に九つの色に色別することにした。もっとも、前震、本震、余震の判別や地球温暖化にともなう降雨の長期化、局地的な豪雨の予測の困難、防災・気象情報や行政防災無線のわかりにくさ、災害・避難カードの硬直化、被災者の避難行動の遅れ、同時多発火災や群衆雪崩による多数の死傷者や災害関連死、未治療死のおそれもある。

　また、被災者生活再建支援法にもとづく半壊家屋への支援金は世帯単位で、個人単位では受け取れず、独自の補助を制度化せざるを得ない都道府県が33もある。しかも、被災者のなかには高齢化や年金暮らしのため、災害援護資金の返済が滞っているケースもある[26]。また、過去の震災遺構のほとんどは復旧・復興工事に当たる大手ゼネコンや住宅メーカー、大地主の利権への誘導も働き、解体されており、風化が懸念されている。気候変動にともなう海面の上昇やゲリラ豪雨、地下水のくみ上げによる地盤沈下などにより「想定外」などといえない新たな災害も毎年のように各地で発生している。

　その一つが2019年の台風15、19、21号による都市部の地下街やアンダーパス（地下道）、低地の住宅街、川崎市の高さ60m 超、20階建て以上のタワーマンション（タワマン：超高層マンション）における浸水や内水氾濫、電柱・鉄塔の倒壊、停電、トイレの使用停止などで、自治体の土砂災害警戒区

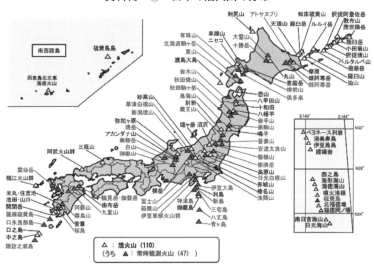

資料終―②　日本の活火山の分布

出典：内閣府HP、2019年。

域の無指定およびハザードマップの開示や排水門の開閉の判断ミス、住民の
無知、タイムライン（防災行動計画）への理解や水害対策の不備、災害ゴミ
の仮置き場の不足、周辺自治体どうしによる広域避難の不徹底などによって
住民の被災を増幅させている。ブロック塀や自動販売機の撤去、無電柱化、
全国に約846万戸ある空き家の解体や再生も業界や所有者の思惑がからんで
進んでおらず、緊急車両の急行もままならない1981年以前の旧耐震基準の古
い木造住宅の密集地（木蜜）が多数ある[27]。愛玩動物（ペット）の専用ス
ペースも確保されておらず、右往左往しているうちにペットが行方不明とな
ったり、やむなく放し飼いをして生き別れとなり、ペットロス症候群に陥っ
たりする被災者も少なくない。

　スイスと決定的に異なるのは、過去１万年以内に噴火、あるいは現在、活
発な噴気活動[28]がある活火山が全国に110あり（**資料終―②**）、うち、「噴火
警戒レベル」にあるとされているものは2020年２月現在で48あることだが、
周知徹底も国民の理解もいまひとつである（**資料終―③**）。

　活火山の一つ、静岡、山梨両県にまたがる富士山（標高3776m）は1707年
に「宝永噴火」、長野、群馬両県境の浅間山（同2568m）は1783年に「天明

資料終―③　「噴火警戒レベル」一覧

種別	名称	対象範囲	レベルとキーワード	説明		
				火山活動の状況	住民等の行動	登山者・入山者への対応
特別警報	噴火警報（居住地域）又は噴火警報	居住地域及びそれより火口側	レベル5　避難	居住地域に重大な被害を及ぼす噴火が発生、あるいは切迫している状態にある。	危険な居住地域からの避難等が必要（状況に応じて対象地域や方法等を判断）。	
			レベル4　避難準備	居住地域に重大な被害を及ぼす噴火が発生すると予想される（可能性が高まってきている）。	警戒が必要な居住地域での避難の準備、要配慮者の避難等が必要（状況に応じて対象地域を判断）。	
警報	噴火警報（火口周辺）又は火口周辺警報	火口から居住地域近くまで	レベル3　入山規制	居住地域の近くまで重大な影響を及ぼす（この範囲に入った場合には生命に危険が及ぶ）噴火が発生、あるいは発生すると予想される。	通常の生活（今後の火山活動の推移に注意。入山規制）。状況に応じて要配慮者の避難準備等。	登山禁止・入山規制等、危険な地域への立入規制等（状況に応じて規制範囲を判断）。
		火口周辺	レベル2　火口周辺規制	火口周辺に影響を及ぼす（この範囲に入った場合には生命に危険が及ぶ）噴火が発生、あるいは発生すると予想される。	通常の生活。	火口周辺への立入規制等（状況に応じて火口周辺の規制範囲を判断）。
予報	噴火予報	火口内等	レベル1　活火山であることに留意	火山活動は静穏。火山活動の状態によって、火口内で火山灰の噴出等が見られる（この範囲に入った場合には生命に危険が及ぶ）。		特になし（状況に応じて火口内への立入規制等）。

注1：住民等の主な行動と登山者・入山者への対応には、代表的なものを記載。
注2：避難・避難準備や入山規制の対象地域は、火山ごとに火山防災協議会での共同検討を通じて地域防災計画等に定められている。ただし、火山活動の状況によっては、具体的な対象地域はあらかじめ定められた地域とは異なることがある。
注3：表で記載している「火口」は、噴火が想定されている火口あるいは火口が出現しうる領域（想定火口域）を意味する。あらかじめ噴火場所（地域）を特定できない伊豆東部火山群等では「地震活動域」を想定火口域として対応する。
注4：火山別の噴火警戒レベルのリーフレットには、「大きな噴石、火砕流、融雪型火山泥流等が居住地域まで到達するような大きな噴火が切迫または発生」（噴火警戒レベル5の場合）等、レベルごとの想定される現象の例を示している。
出典：気象庁HP、2019年。

の大噴火」[29]が起こり、火山灰が関東一円に降り注ぎ、「天明の大飢饉」などをもたらした（**写真終―⑤**）。

　最近では1991年、長崎県の雲仙・普賢岳（同1359m）の噴火で住民やメディアなど関係者計43人が火砕流に飲み込まれて死亡したほか、2014年に長野、岐阜両県境の御嶽山（同3067m）が噴火、登山者ら58人が死亡、戦後最悪の火山災害となった。このほか、日本近海には海底火山が数座、また、カルデラも国内に89ある[30]。

　一方、原発は、沖縄を除く北海道、東北、東京、北陸、関西、中国、四国、九州の電力会社8社および官民出資の日本原子力発電など54基、研究炉は国立研究開発法人日本原子力開発研究機構の3種類、5基の計59基あり、アメリカ、フランスに次いで世界で3番目に多い。そこへ、1999年に茨城県東海村のジェー・シー・オー（JCO）東海事業所の核燃料加工施設でウラン

写真終―⑤　「天明の大飢饉」を招いた浅間山

群馬県嬬恋村の鬼押出し園にて

溶液が核分裂連鎖反応を起こし、作業員２人が死亡、１人が重傷となるなど「レベル４」の臨海事故が発生、計667人が被曝、周辺住民約３万1000人が一時避難した。

　また、東日本大震災の際、東電福島第一原発がメルトダウン（炉心溶融）し、史上最悪の事故が起きた。このため、政府は県内の11市町村に「避難指示」を発令、帰還困難区域となり、除染などが行われた結果、2020年３月、第三セクターの三陸鉄道やJR常磐線が全線開通、全町民避難だった双葉町など一部で「避難指示」が解除されたものの、除染は宅地や生活道路などごくわずかのため、避難者は高齢者世帯だけで、現役世代や子育て世代は各地に避難して住宅を新築したり、災害公営住宅や仮設住宅に身を寄せたりなどして、いまだに各地に出たままの被災者が約４万1000人にも及んでいる。また、溶け落ちた核燃料（燃料デブリ）の処理や汚染土の再利用、2050年を目標としている廃炉は困難なばかりか、大熊、双葉両町が向こう30年の期限付きで受け入れた中間貯蔵施設の移転先は見つかっておらず、かつ最終処分場も確保できていない[31]。このため、民家や駐車場、周辺の果樹園や田畑に

山積みされたままで、牛や豚などの家畜は殺処分にされている。汚染水も今なお毎日平均約170トンずつ増えている。

　それだけではない。この事故で福島県は甲状腺がんと診断された18歳未満の学生や児童生徒は2019年3月時点で計173人、がんやその疑いがある者は218人にのぼっているものの、県外の公務員住宅で避難生活を送っている63世帯の自主避難者への家賃の無償援助を2016年度末で打ち切っており、地域経済への影響は大きく、各企業・事業所の売り上げは震災前に比べ、54％にとどまっている。ちなみに、同県の県民世論調査によると、元のような暮らしに戻るのは20年より先などと答えている。

　しかし、政府は2012年、経済産業省資源エネルギー庁の原子力安全・保安院を環境省外局の原子力規制委員会に移行、東電福島第一原発の運転を停止するとともに原発の運転期間を原則40年とし、かつ同委員会の新規制基準の審査の結果、安全と結論づけられた場合に限り1回だけさらに20年延長できる旨改めた。また、今後、同様の過酷事故を前提とし、万一の場合でも被害を最小限に食い止めるべく複数の電源や冷却装置の設置、さらに周辺の他の電力との間の電力融通で地震や津波などに備えることにした。

　ところが、安倍首相は2013年、アルゼンチンのブエノスアイレスで開かれたIOC（国際オリンピック委員会）における2020年の東京五輪招致の総会の席上、東電福島第一原発事故の状況を「アンダーコントロール（制御）」と発言、東京五輪の再度の招致を実現させた。しかも、2020年3月の聖火リレーの出発地を双葉、広野両町にあるスポーツ施設「Jヴィレッジ」とし、町外の住民や東電関係者を動員、盛り上げるべく演出する始末だが、「復興五輪」とは名ばかりとの批判が続出している。

　しかも、そのメイン会場である新国立競技場は敗戦間際、兵力不足を理由に学生約7万人に学徒出陣を命令、壮行会を挙行し、南方沖で戦死させた鎮魂の場である。にもかかわらず、総予算額の1兆3500億円のうち、2019年1月現在、改修費など総額2880億円を計上、かつ閉会後、毎年20億円以上もの維持費が必要としており、戦死した学徒や遺族の心情を逆なでしている。そればかりか、トルコ共和国（トルコ）やベトナム社会主義共和国（ベトナム）などへ輸出をもくろみ、各国から再生可能エネルギーへの転換や採算割れの指摘を受け、いずれも失敗した。このため、立憲民主、日本共産、自

由、社会民主の野党4党は2018年、施行後5年以内に全原発の運転を廃止
し、2030年までに再生可能エネルギーを総発電量の40％以上とする原発ゼロ
基本法案を衆議院に提出したが、いまだに審議に応じていない。

　このようななか、同委員会は2019年6月、原発はテロの対象になり得るた
め、原発の工事計画を認可した日から5年以内にテロ対策施設を完成できな
い場合、再稼働を認めない旨を追加した。また、同年2月までに宮城県女川
町の東北電力女川原発2号機など計9原発、16基を新規制基準に適合すると
決定したが、地元自治体の同意を得られなければ再稼働はできない。それは
地元自治体の同意のめどが立っていない新潟県の東電柏崎刈羽原発6、7号
機や茨城県東海村の日本原子力発電東海第二も同様である。

　一方、原発の再稼働に「待った」をかける集団訴訟は全国で約30件あり、
原告団は約1万3000人に及んでいる。広島高裁は2020年1月、愛媛県伊方町
の四国電力伊方原発3号機の運転差し止めを住民が求めた仮処分申請で活断
層の調査が不十分などとして運転差し止めを認めた。また、2020年1月現
在、13件の一審判決はいずれも東電の責任、うち6件は政府の責任も認めて
いる。自主的避難など対象区域に住む52人が東電に総額約9900万円を求めた
集団訴訟では、福島地裁が2020年2月、うち50人に1200万円を支払うよう命
じたが、東電は被災者が申し立てた和解案を拒否、賠償金の支払いの手続き
を打ち切っている[32]。

　ちなみに、廃炉に必要な費用は1基当たり500憶-1200億円、電力11社で総
額約4兆4000億円必要といわれるため、政府は各電力会社に補助制度の創設
を検討しているが、実現すれば電気料金のさらなる引き上げによる充当のお
それがある。そればかりか、東電は福島第一原発の廃炉作業の経費を賄うた
め、柏崎刈羽原発1-7号機のうち、1基以上の廃炉を想定しているものの、
6、7号機は再稼働したい意向である。また、東通原発を建設している青森
県東通村に総額2億円をふるさと納税の申し入れを表明、原発の受け入れ自
治体への協力金を支給、2019年にはその再稼働の支援のため、約2200億円の
支援を決定している。

　一方、東北電力は再稼働をめざしているJCO東海事業所第二原発（原電）
に安全対策工事への資金として600億円弱を支援している。日本唯一の原子
力発電専業会社で福井、茨城両県に計4基[33]の原子炉を所有する日本原子

力発電（原電）は、2011年度からの8年間で発電がほぼゼロだったものの、東電など大手5社から基本料金として総額約1兆円もの収入を得ていた。高速増殖原型炉「もんじゅ」など79施設の廃炉費用は2028年度までで総額約1兆9000億円にのぼるといわれている。

　政府は毎年、多額の政治献金を受けている原発建設・稼働業界のトップが歴代の会長を務める日本経済団体連合会（経団連）の意向を受け、2030年、総発電量の20-22%を原発に依存し、再生可能エネルギーを6.9%にとどめる方針である。

　また、使用済み燃料からプルトニウムを取り出し、再生するとする核燃料再サイクルが破綻（はたん）しているほか、青森県六ケ所村の再処理工場を稼働させるかと思いきや、汚染されたセシウムを貯めるタンクも2020年夏ごろまでには満杯となるため、海洋、または大気に放出したい旨を検討し、漁業者の反発を招くなど、被災地に寄り添わない有様である。さらに、原子炉建屋の直下に活断層があるかどうか、疑問が出されている同県敦賀市の日本原子力発電敦賀原発2号機で、2012年に実施した敷地内のボーリング調査で採取された地層の観察記録が書き換えられていたと原子力規制委員会で指摘された[34]。そこへ、関西電力高浜原発のある福井県高浜町の故助役と同電力および原発建設業者、また、県職員との間で多額の金品のやりとりが判明、電力各社が地域経済の疲弊する過疎地域に原発の受け入れを強行していることが改めて明らかになった[35]。

　このような折、政府は東日本大震災の復興予算として2018年度までに総額約29兆円を投入するとともに2021年3月で廃止する予定だった復興庁を2031年3月まで存続させるものの、強権政治によって在日米軍駐留基地や自衛隊駐屯地、イージス弾道ミサイル防衛システムの配備にともなう秋田、山口両県への説得など、東京をはじめとする大都市の安全・安心を優先する半面、地方切り捨てを断行している。

　しかし、2050-2060年、総人口が約4割も減少することもあるため、その分、エネルギーは不要である。その政府は当初、再生可能エネルギーの普及のため、地熱や波力電熱など一時、新電力の普及に努めたものの、送電線は大手電力のものを利用せざるを得ない。しかも、大手電力が電気料金を大幅に値引きして公共施設の電力の調達を新電力から奪っており、当初の太陽光

写真終─⑥　安全対策の追加が求められている川内原発

鹿児島県薩摩川内市にて

の固定価格買取制度（Feed-in Tariff：FIT）などどこ吹く風で大手電力の寡占化が進んでいる始末で、各地に蓄電池や送電網を有する NTT（Nippon Telegraph and Telephone Corporation：日本電信電話株式会社）との連携も図られていない。

　ともあれ、2019年7月現在、東電福島第一原発の1-4号機のほか、第二原発の4基をはじめ、54基ある原発のうち、21基が廃炉と決定された。九州電力川内原発など6原発、計9基が再稼働、またはその見込みだが、同委員会は新たに火災報知機の設置や使用済み核燃料プールの水漏れ、火山灰、原子炉格納容器の破裂、化学物質から出る有毒ガス、津波・地震、複数の電源と原子炉の冷却および原発の耐震対策の前提となる基準値振動と未知の断層によって発生する震源を想定できない地震の揺れの計算方法を見直した。このため、再稼働している九州電力川内原発などは安全対策の追加が求められており、今後、再稼働が認められない可能性もあるが、当然の成り行きである（**写真終─⑥**）。

　いずれにしても、原子力行政にあってより重要なことは、原発により電気

をつくるうえで必要なウランは現在の 5 ％程度から90％程度まで濃度を高めると核兵器の原料となり、有事の際、軍事に転用が可能ということである。また、戦後処理のなかで日本はアメリカの極東戦略基地として、また、日本の核武装を断念させるアメリカの意向にもとづく「日本国とアメリカ合衆国との間の相互協力及び安全保障条約（日米安全保障条約）」および「原子力の平和的利用に関する協力のための日本国政府とアメリカ合衆国政府との間の協定（日米原子力協定）」の締結などを通じ、対米従属とするほか、これに戦中、各種戦闘機や戦艦などを製造、莫大の利益をあげた原子力プランナーなど防衛（兵器）産業メーカーおよびその基地や寄港地、原発建設用地の造成や施設の建設などでこれまた利益をもくろむゼネコン、さらにはこれらの大企業から政治献金を受ける自民党議員やこれらの橋渡しを請け負う官僚など、政官財癒着の構造の抜本的な改革しかないことを知ることである。

（5）防災福祉

　最後に、防災福祉だが、スイスは専守防衛と人道援助を掲げた「永世中立国」として平和外交に徹するとともに「民間防衛」として今なお国民皆兵制を保っているが、イギリス国際戦略研究所（International Institute for Strategic Studies：IISS）の年次報告書「ミニタリーバランス2019」によると、軍事費は約47億ドルと世界第39位にとどまっている。そればかりか、災害対策と連携、すべての学校や駅、ビル、生協、ホテル、民家に核シェルターの整備および食料や飲料水などを最低 2 ヶ月分備蓄するほか、国民に自然災害保険への加入を義務づけている。また、各州政府や基礎自治体も災害対策の指導者の養成やインフラの整備、物資の調達・供給、無電柱化などを連邦政府と連携して取り組んでいる。さらに、州政府と基礎自治体は各消防署や警察署、病院、SBB、消防団などと連携、地域防災計画やハザードマップを作成、市民防衛組織などに参加する国民も平常時、有事にも備えた防災訓練に参加、災害時、被災者の捜索や救護、生活再建、復旧・復興に当たることにしている。

　このほか、SBB などの公共交通機関は危険個所にトンネルやスノーネットなどを取りつけ、災害時での脱出に備えているほか、企業・事業所も従業員や利用者、外国人観光客や旅行者を保護することになっている。また、国民

資料終—④　J-ALERT による避難行動の指針

出典：内閣官房国民保護ポータルサイト、2019年。

の大半は「REGA」の会員で、万一の際、ドクターヘルで大学附属病院や総合病院に救急搬送される。また、共助として海外のすべての国に「REGA」や「REDOG」のドクターヘリやジェット機、災害救助犬を出動、減災に努めるなど国際貢献に努めている。

　これに対し、日本は自国第一主義のトランプ大統領のいいなりによる米国製の各種兵器の爆買いなどのため、軍事費は約447億ドルと世界第8位で、アメリカと多国間での戦争に巻き込まれるおそれがある。

　ちなみに、外国軍の武力攻撃や大規模なテロ、内乱など社会秩序の混乱、ハイジャック、領海侵犯などの国家緊急事態、すなわち、有事に対しては、2004年に制定された「武力攻撃事態等における国民の保護のための措置に関する法律（国民保護法）」にもとづき首相官邸内に危機管理センターを設置、内閣総務官や危機管理審議官、内閣審議官、内閣参事官などが参集し、官邸危機管理センターが24時間体制で情報収集するとともに関係自治体も国民保護計画にもとづき現地対策本部を設置、住民の生命や身体、財産を保護すべく初動体制をとる。また、食料や飲料水の供給、支援物資の受け入れ、武力攻撃の排除や救急医療、インフラの安全確保、放射性物質などによる汚染の防止、被災情報の収集を指示する。さらに、内閣官房および総務省よりJ-

ALERT（全国瞬時警報システム）やメディアを通じ、関係自治体に対し、住民は学校や公民館、地下街などへ避難するよう、指示することになっている（**資料終—④**）。

　しかし、これらの有事は自衛隊法や警察法で対応でき、その適用によっては戦時中のように戒厳令が敷かれ、同法の三大原則である国民主権や基本的人権の尊重、平和主義に反することはもとより、労働三権[36]の制約につながりかねない。また、首相官邸の機能が不全となった場合、東京都立川市の立川広域防災基地が災害対策本部の予備施設として代用するほか、港区六本木の在日米軍施設の米軍の援軍を得るとしているが、1都9県の上空2450-7000m以内の空域は米軍機の専用となっているため、救急活動などに支障が生じるおそれもある。また、東京都福生、立川市などに横田基地や神奈川県綾瀬、大和市に厚木基地、横須賀市にも米原子力潜水艦の寄港地もあるため、危険きわまりなく、平和憲法下、あり得ない状況にある。

　一方、災害では東京、大阪、名古屋などの大都市が被災すれば被災者や帰宅困難者が駅舎や商店街、地下街に殺到するほか、はしご車が届かない12階建て以上のオフィスビルやタワーマンション[37]は長周期地震動[38]や共振、居住者の閉じ込め、火災発生にともなう大勢の死傷者が予想される。加えて、木蜜は家屋、また、電柱の倒壊や火災、狭路により救急車やパトロールカー（パトカー）、自衛隊などの緊急車両の急行が困難となり、延焼や類焼、ガス爆発、水道管の破裂によって被害が拡大するおそれもある。これに対し、地方では庁舎や学校、病院など以外に堅牢な建物がないうえ、在日米軍基地や原発、使用済み核燃料再処理施設が立地するところもあり、都市部にまさるとも劣らぬテロの標的にされる危険がある。にもかかわらず、都市部、地方を問わず、近年の相次ぐ自然災害にともなう保険金の支払額の増加のため、損害保険各社は2018年1月の地震保険に続き、同10月、火災保険の保険料を平均5.5％値上げたことから、その加入者の低迷も予想される[39]。

　このようななか、政府は従来、「避難準備・高齢者等避難開始」、「避難勧告」、「避難指示」と3段階だった防災気象情報を「警戒レベル1（災害への心構えを高める：早期注意情報）」「警戒レベル2（避難に備え、行動を開始する：洪水、大雨注意報）」「警戒レベル3（高齢者らは避難：氾濫警戒情報・洪水、大雨警報）」「警戒レベル4（全員避難：土砂災害警戒情報・氾濫

資料終—⑤　5段階の「警戒レベル」の防災気象情報

警戒レベル	住民が取るべき行動	市町村の対応	気象庁等の情報	相当する警戒レベル
5	災害がすでに発生しており、命を守るための最善の行動をとる	災害発生情報 ※市町村の必要な対応 ・大雨特別警報等は、避難勧告発令地域の対象範囲を再確認	大雨特別警報　氾濫発生情報	5相当
4	・危険度分布が「極めて危険」（濃い紫）が出現した時には、避難完了から土砂崩れ、すでに避難所が危険になっている時など、その状況に応じた避難を完了しておく ・速やかに避難 ・危険な場所から安全な場所に、速やかに避難	避難指示（緊急）※緊急避難が必要な場合などに発令　避難勧告　第4次防災体制（災害対策本部設置）	土砂災害警戒情報　高潮特別警報　高潮特別警報　極めて危険　非常に危険　氾濫危険情報	4相当
3	土砂災害警戒区域等　急傾斜地や水のそれのある河川沿いの住まいの方は、避難準備が整い次第、避難開始　高齢者等は速やかに避難	避難準備・高齢者等避難開始　第3次防災体制（避難勧告の発令を判断できる体制）　警戒（警報級）　氾濫警戒情報	大雨警報　洪水警報　注意報　警戒（警報級）　氾濫警戒情報	3相当
2	ハザードマップ等で避難行動を確認	第2次防災体制（避難準備・高齢者等避難開始の発令を判断できる体制）　第1次防災体制（連絡要員を配置）	注意報　大雨注意報　洪水注意報　高潮注意報　注意（注意報級）　氾濫注意情報	2相当
1	災害への心構えを高める	・心構えを一段高める ・職員の連絡体制を確認	早期注意情報（警報級の可能性）	

※1　夜間～翌日早朝に大雨警報（土砂災害）に切り替える可能性が高い注意報は、避難準備・高齢者等避難開始（警戒レベル3）に相当します。
※2　暴風警報が発表されている際の高潮警報に切り替える可能性が高い注意報は、避難勧告（警戒レベル4）に相当します。

「避難勧告等に関するガイドライン」（内閣府）に基づき気象庁において作成

出典・気象庁 HP、2019年。

危険情報）」「警戒レベル5（命を守るための最善の行動を：特別警報）」の5段階に見直した。そのうえで、「警戒レベル1、2」は気象庁、「警戒レベル3、4、5」は各自治体が出すことになった。なぜなら、被害が想定される地域の地勢や地形、民家や企業・事業所などの地盤、建物の種類が異なるため、各市町村が地域防災計画やハザードマップなど被害危険予測情報にもとづき防災・減災および企業活動の維持、早期回復をめざす事業継続（BC）に備えてもらうとの結論に達したからである（**資料終—⑤**）。

　そこで、市町村のなかには、地域防災計画やハザードマップなど被害危険予測情報をよりきめ細かく見直すとともに、気象予報士や防火管理者、防災管理者、救急救命士、防災士、災害マネジメント総括支援員などを配置し始めているところもあるが、地球温暖化にともなう海面の上昇やゲリラ豪雨、都市化にともなう地下水の汲み上げによる地盤沈下、液状化、石油コンビナートにおける地震の際の爆発や火災、化学薬品など有害物質の拡散、海洋汚染など人災が懸念される。

　しかも、肝心の自治体の職員は2-3年で異動するので専門性に欠ける。

このため、人事異動のない専門職制度を導入するとともに、住民に対して町内会や自治会、団地自治会、管理組合における自主防災組織の拡充や家庭、学校、地域、企業・事業所における防災教育、防災ウォッチング、避難訓練、消防団への加入、救急救命士の取得、事業継続計画（Business continuity planning：BCP）にもとづく事業継続の普及・啓発を図るべきである。

　もとより、住民も高齢者や障害児者、子ども・子育て家庭、妊産婦、生活困窮者、ホームレス[40]、外国人など災害時要援護（配慮：支援）者向けの福祉避難所や医療救護所の運営および被災者の誘導のため、自主防災組織の拡充が求められる。その際、世帯ごと、また、男女別の仕切りや避難スペース、トイレ、授乳室の確保、ペットとの同行避難および避難所でのペット専用スペースの確保、近隣のペットショップによる支援も必要なことはいうまでもない。

　一方、スイス並みにドクターヘリによって被災者を救急搬送する場合、国土の面積に応じて考えると120機が必要だが、認定NPO「救急ヘリネットワーク」によると、ドクターヘリは2018年9月現在、43道府県に53機にとどまるうえ、東京都や香川県などには1機もない。また、観光遊覧飛行や資材搬送用などの民間ヘリは約800機あるものの、過去、救急専用機として使用されたのは8機にすぎない。さらに、日本救急医学会の調査によると、ドクターヘリは救命救急センターに58ヶ所、ドクターヘリ基地施設に52ヶ所の計100ヶ所しかない。しかも、スイスのように医師や看護師、救命救急士などが24時間体制で待機しているわけではないため、消防・防災ヘリコプターが1機もない東京への周辺の自治体からの到着は少なくとも50分かかる。ちなみに全国航空消防防災協議会の調査によると、消防・防災ヘリコプターは2018年現在、45都道府県、55団体に76機しかない。千葉、神奈川、福岡3県と京都、大阪2府は消防ヘリのみで、佐賀、沖縄両県には未配備である。しかも、救急病院や救命救急センター、災害派遣医療チーム（Disaster Medical Assistance Team：DMAT）の数も連携も不十分なため、大規模災害の際の情報共有や連携に不安があることは新型コロナウィルス感染拡大による"医療崩壊"でも明らかである。

　課題はまだある。内閣府中央防災会議や総務省消防庁、国家公安委員会、

警察庁、防衛省、国土交通省気象庁・海上保安庁などの"縦割り行政"の是
正や、電力会社など電線管理者による無電柱化にどのように取り組むか、親
方日の丸や前例踏襲主義、事なかれ主義、問題先送り、対処療法、大地主や
大企業の利益誘導型政治などの問題も一向に解決されていないなか、公文書
の改竄や隠ぺい、統計不正、在日米軍普天間飛行場の名護市辺野古への移設
計画で地元県民の反対の声を無視した埋め立て工事の強行および軟弱地盤調
査の未実施などの問題も表面化している。そこへ、政府は2020年、東京五輪
を機に海外からの観戦者や旅行者に対応しようと都心部を低空で羽田空港を
発着する国際便を増便すべく、上空の高度2450-7000m に及ぶ米軍専用空域
の一部を「羽田新ルート」として米軍と基本合意、2020年 3 月から運用され
ている。

　加えて、大規模災害に対し、東日本大震災でみられたような在日米軍によ
る"トモダチ作戦"に期待する態度は対米従属をいっそう強めるだけでな
く、有事の際に米軍と敵対する外国軍との間の戦争に巻き込まれるおそれも
ある。このため、ドローンや AI（人工知能）、防災監視カメラ、スマートフ
ォン、地域密着のケーブルテレビ、コミュニティ FM による被災・避難情報
を活用し、国家緊急事態と災害への対策の一体化による危機管理が望まれ
る。その際、企業・事業所の協力が必要だが、東日本大震災の際、JR
（Japan Railways：日本旅客鉄道）東日本が新宿駅の構内から乗降客を締め
出して批判を浴びたように、官民一体の防災・減災はきわめて脆弱である。

　また、肝心の国民も「一強多弱」にともなう政治不信が増幅している一方
で政治改革への関心はいまひとつである。防災・減災への関心も、岩手県・
三陸地方は明治、昭和と今回の東日本大震災のように地震や津波に繰り返し
襲われているものの、「喉元過ぎれば暑さを忘れる」で風化が懸念されてい
る。

　その一例が同県大槌町である。東日本大震災で造船会社が襲われて観光船
が津波に流され、近くの民宿の上に乗り上げてしまい、津波のすさまじさを
示すものとして世界中に報道され、震災遺構として保存すべきとの意見が聞
かれたことから、所有者の同県釜石市は保存のための資金を捻出すべく基金
を創設、寄附を募ったが、目標額に達せず、県も政府も協力への理解を示さ
ず、解体の方針である。

写真終─⑦ 住民の参加が少なく、セレモニー化した防災訓練

都下にて

　また、『防災白書（平成30年版）』によると、全国の自主防災組織の組織率は2017年時点で82.7％とはいうものの、その数はわずか16万4,195にすぎず、かつ防災訓練に参加する者はどこも１割にも満たず、セレモニー化している（**写真終─⑦**）。

●❷● 防災福祉コミュニティの形成

（１）災害保障の概念化

　スイスに学び、日本における防災福祉コミュニティを形成するために必要なことの第１は、災害保障を新たに概念化することである。

　具体的には、社会保障の概念は、憲法第25条第１項で定めた国民の生存権[41]をふまえ、社会保障制度審議会（現社会保障審議会）が1950年、「社会保障制度に関する勧告（50年勧告）」を出したことを受け、政府は、社会保険は年金保険、医療保険、失業保険（現雇用保険）、労働者災害補償保険（労災保険）、公的扶助（生活保護）、社会福祉は老人福祉、障害児者福祉、

図表終―①　社会保障と災害保障の関係

社会保険（年金、医療、労災、雇用、介護）
公的扶助（生活保護）
社会福祉（高齢者・障害児者・児童福祉、地域福祉・福祉産業、産業福祉、住環境、情報、司法、教育、災害福祉、国際社会福祉等）
公衆衛生（結核・精神病・麻薬・伝染病・上下水道・廃棄物処理等）
および医療（老人保健・後期高齢者医療制度等）
恩給（文官恩給・旧軍人恩給等）
戦争犠牲者援護（戦没者遺族年金等）
関連制度　住宅対策（公営住宅建設等）・雇用対策（失業対策事業・環境対策・災害対策）

出典：前出『防災福祉のまちづくり』17ページを修正。

児童福祉など、公衆衛生は結核・精神病・麻薬・伝染病・上下水道・廃棄物処理、医療は老人保健、恩給は文官恩給・旧軍人恩給、戦争犠牲者援護は戦没者遺族年金、住宅対策は公営住宅建設、雇用対策は失業対策事業などからなる関連制度からなるとした。その後、1995年の「社会保障体制の再構築」の勧告（95年勧告）、2014年の「社会保障と税の一体改革」を受け、介護保険や後期高齢者医療制度を追加、併せてその財源として消費税を導入、3％から5％、さらに8％から10％に引き上げた。

　しかし、2065年の本格的な少子高齢社会および人口減少のピークを前に、2018年、「全世代型社会保障」と銘打ち、年金や医療、介護、子育てを拡充すべきとしながらも消費税収入のほとんどは2019年度末現在、総額約1120兆円と膨れ上がっている長期債務残高の補塡に大半を充てている。また、毎年、自民党へ多額の政治献金をしている日本医師会や製薬会社などに関わる医療へのメスは棚上げしたまま社会保障給付費を抑制する傍ら、防衛費や宇宙開発費の増強や東京五輪、新幹線、高速道路の延伸など土建型公共事業を推進しており、「1億総活躍社会」や「全世代型社会保障」、「働き方改革」、「地域共生社会の実現」などいずれもかけ声だけでその検証はされず、かつ災害対策は二の次、三の次である。このため、今後、防災福祉コミュニティを形成すべく社会保障の新たな概念として災害保障および社会福祉に災害福祉を加え、有事、災害時を問わず、国土形成計画[42]や都市計画、地域福祉計画、地域福祉活動計画、地域防災計画[43]、国民保護計画を連携、官民一体となって防災福祉に努めるべきである（**図表終―①**）。

（2）公助・自助・互助・共助のベストミックス

　第2は、公助・自助・互助・共助をベストミックスとすることである。

　具体的には、政府はここ数年、介護保険における地域包括ケアシステムの推進にあたり、本来、政府や自治体による公的責任としての公助であるべき介護保険など、社会保険は国民が消費税など税金や社会保険料、利用料を負担する共助であることを強調している。同時に、企業・事業所の営利サービスを利用する国民の自助や互助によって解決に努めるべきだとしているが、そのねらいは、政府や自治体による公助を縮減、国民の自助と互助、および企業・事業所の営利サービスに委ねる小泉政権以来の市場原理にもとづく民活導入による行財政改革にある。しかも、自治体や社会福祉協議会（社協）、NPO、研究者、メディアの多くも江戸時代、出羽国（現山形県）の米沢藩第9代藩主、上杉鷹山が逼迫していた藩の財政を再建した「三助論」を無視、または知らず、互助と共助の概念の相違に言及しないまま、政府の政策誘導を無批判的に受け止めている[44]。

　そこで、今後、防災・減災にあってもこの「三助論」をふまえ、政府および自治体による公的責任としての公助、すなわち、災害保障としての災害対策基本法にもとづく政府の防災基本計画、被災者生活再建支援法による住宅の損壊への補償、災害公営住宅の建設・入居など被災者の支援、市町村の地域防災計画や地区防災計画の策定・改定および平常時からの避難訓練、周辺、または後方の自治体との災害時相互応援協定および受援協定の拡大、タイムラインにもとづく避難行動、一部自治体で取り組まれているオープンデータを活用した通信アプリや「ドローン」の活用、公営住宅などへの被災者や避難者、災害ボランティアの受け入れ、避難所の運営、被災者も含めた事後検証制度（AAR）[45]、さらには政府主導により人工衛星を使った安否情報の収集を基本とすべきである。ましてや東日本大震災が発生する1ヶ月半前の2011年1月、政府の地震調査研究推進本部の会議で出席者から「巨大津波を伴う地震がいつ起きてもおかしくはない」と提起されたにもかかわらず、原発を有する電力会社を配慮して表現を改め、かつ公表を4月に延期したことが事実であれば[46]国民主権、基本的人権の尊重、平和主義を三大原則とする日本国憲法に反するといわざるを得ない。

　一方、国民も平常時から自宅やその周辺の安全点検、食料・飲料水、乳児

図表終―②　公助・自助・互助・共助の関係

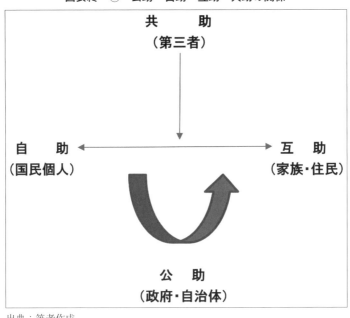

出典：筆者作成。

用液体・粉ミルクなどの備蓄、非常時持ち出し袋の準備、携帯電話などの充電器や山歩き用のテント（天幕）の用意、一時、車上での避難生活が可能で、かつ停電に備えた電気自動車（electric vehicle：EV）への買い替え、地震保険など災害保険への任意加入、また、災害情報や地域防災計画、地区防災計画、ハザードマップの情報共有や自主防災組織および防災訓練への参加、避難経路や避難所の安全の確認、避難所に代わる高台やビル、高架道路など、より安全な場所の有無の確認、ブロック塀から木製の塀への切り替え[47]、災害時の気象庁やメディア、ウェブサイト、災害アプリによる情報収集、避難生活における声かけや被災時の罹災証明書の申請、被災者生活支援金[48]や損壊家屋の応急修理制度、住宅金融支援機構の災害復興住宅融資、損害保険金の受給などの自助および被災者の生活再建への支援や救急医療への協力などの互助、被災地での災害ボランティアや寄附金・支援金、支援物資の送付、観光や各種行事への参加を通じた共助に努め[49]、公助をベースとした自助・互助・共助からなるベストミックスによる防災・減災に努める

べきである[50]（**図終—②**）。

（3）有事と災害対策の再編

　第3は、有事と災害対策を再編することである。

　具体的には、前述したように、現行では有事の際、危機管理センターや官邸対策室、国家緊急事態対策本部、また、大規模災害や「広域災害」の際、災害対策本部を設置し、24時間体制で情報収集するとともに関係自治体に対し、必要な対策を講ずることになっているが、内閣所管の国家安全保障会議、特命担当大臣（防災担当）および社会保障制度改革推進本部、内閣府国家公安委員会、警察庁、復興庁[51]、総務省消防庁、国土交通省気象庁、防衛省、文部科学省地震調査研究推進本部などを危機管理省（仮称）に再編、調査研究のための予算を増やし、防災・減災に徹すべきである。

　なお、災害対策にあっては首相官邸の陣頭指揮のもと、関係省庁はもとより、都道府県や市町村、社協、施設、医療機関、企業・事業所、国民など官民一体化により国をあげて対処すべく、中央省庁の一つとして「防災庁（省）」の新設について論議されているが、これでは有事と災害時における"縦割り行政"による弊害を温存するだけであり、かつ迅速性や効率性に劣る。危機管理とは、有事と災害対策を連携することによってはじめて、減災に対処する事後措置であることはもとより、その事前措置としての国防と防災も視野に入れた、真の意味でのリスクマネジメントとなる。東日本大震災および東電福島第一原発事故以来、政府が発している「想定外」など、災害

図表終—③　国家緊急事態対策と災害対策に向けた中央省庁の再編

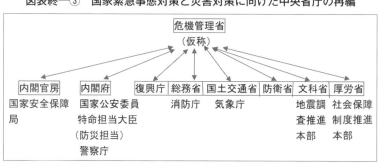

出典：筆者作成。

列島・日本を考えればあり得ないはずである（**図表終─③**）。

　一方、自治体、とりわけ、市町村は政府の主導のもと、過去の災害の有無や地形などの検証をふまえ、地域防災計画や地区防災計画、ハザードマップ、国民保護計画の改定はもとより、おにぎり、パン、各種レトルト食品、缶詰などの食料や飲料水の備蓄、避難経路、避難場所、一時避難所、福祉避難所、医療救護所、避難協力ビル、自主防災組織や消防団の拡充、防災教育の徹底、避難訓練の参加への広報、災害ボランティの普及啓発に努める。また、各都道府県に気象予報士や防災危機管理者[52]、救命救急士の配置および周辺や遠方の自治体との間で災害時相互応援協定や受援協定を締結、タイムラインにもとづく在宅避難や広域避難に備えるべきである。このほか、スイス並みに少なくとも120機のドクターヘリを47都道府県に配備、どこでも被災後15分以内に被災者を最寄りの総合病院や救急医療センター、大学附属病院などに救急搬送できるよう、医師や看護師、救命救急士を24時間体制で待機させたドクターヘリを増やす。また、官公庁舎や総合病院や救急医療センター、大学附属病院などの屋上、学校、公園、河川敷、幹線道路および高速道路のパーキングエリアやサービスエリアもヘリポートとして使用できるよう関係機関と調整、整備し、政府、または都道府県の陣頭指揮により海上保安庁や消防庁、警察庁、陸上自衛隊、航空自衛隊による海・陸・空の三面作戦で出動すべきである。

　また、スイスのような核シェルターとまでいわないまでも、都市部、地方を問わず、官公庁舎や総合病院や救急医療センター、大学附属病院などの屋上、学校、公園などに堅牢な避難所を併設、食料や飲料水などの防災備蓄倉庫、震災用井戸、簡易トイレ、津波避難タワーなどを整備すべきである。また、電力各社など公営企業にあっては地域間における電力の融通やガス、水道などのライフラインの復旧のための整備を図るべきである（**写真終─⑧**）。

　加えて、公共放送などメディアを通じた災害情報や避難情報により被災者の捜索や救助、生活再建、復旧・復興を図る。また、災害対策本部や避難所などに対し、DMAT（災害派遣医療チーム）など医師や看護師、社会福祉士、介護福祉士、ホームヘルパー、ケアマネジャー、医療ソーシャルワーカー（Medical Social Worker：MSW）、コミュニティ ソーシャル ワーカー（Community social worker：CSW）、災害医療コーディネーター、災害ボラ

写真終―⑧　遠州灘と隣接した浜名湖畔の津波避難タワー

静岡県浜松市にて

ンティアなどを配置、被災者の治療の選別（トリアージ）や高齢者、障害児者、子ども・子育て家庭、妊産婦、生活困窮者、ホームレス、外国人など災害時要配慮者のケア、ペットも含む救助、不動産鑑定士や建築士、弁護士、司法書士、行政書士による住宅の改築や雇用、年金、生命保険の手続きの代行や相談に当たる。もとより、諸外国が被災した場合、自衛隊や消防隊、警察隊などは日本赤十字社（日赤）や NGO「国境なき医師団」などと連携し、災害列島・日本の英知やノウハウを通じて国際貢献すべきである。

　いずれにしても、世界唯一の被爆国として、スイスのように国際社会に対して「永世中立国」を表明し、専守防衛と人道援助に努める平和外交に徹するとともに、災害対策費を大幅に増額、集権国家から分権国家へと転換し、都市部、地方を問わず、だれでもどこでも同法に定めた国民主権、基本的人権の尊重、平和主義の三大原則のもと、生存権が保障され、安全・安心な生活を保障すべく名実ともの行財政改革を断行すべきである[53]。

（４）地域防災・地域福祉と国民保護の融合

　第４は、地域防災および地域福祉と国民保護を融合することである。

　具体的には、まず地域防災と地域福祉を連携すべく市町村の地域福祉計画および地域防災計画と市町村社協の地域福祉活動計画を連携、または一体化して防災福祉計画とする。すなわち、地域福祉計画では住民参加にもとづく公私協働により、だれでも住み慣れた地域で生存権が保障され、かつ健康で安全・安心な生活が確保できるよう、市町村と社協や施設、保険医療機関、NPO、企業・事業所が連携し、老人福祉計画や介護保険事業計画、障害（者）福祉計画、次世代育成支援行動計画などと相互乗り入れすべきである。また、地域福祉活動計画も地域福祉計画と同様、住民主体によって高齢者や障害児者、子ども・子育て家庭、妊産婦、生活困窮者、ホームレス、外国人など災害時要配慮者の見守りや安否確認、配食サービス、ふれあい・いきいきサロンを通じ、小・中学校通学区域や民生委員・児童委員担当地区、町内会・自治会ごとに地区社協を設置、エリアマネジャーも動員した小地域福祉活動に取り組むべきである。

　これに対し、地域防災計画は行政区、または小・中学校通学区域や民生委員・児童委員担当地区、町内会・自治会ごとに自主防災組織や消防団を拡充、小地域福祉活動と連携させ、住民参加にもとづく公私協働によって地区防災計画を策定、高齢者や障害児者、子ども・子育て家庭、妊産婦、生活困窮者、ホームレス、外国人など災害時要配慮者台帳の作成をはじめ、避難場所や一時避難所、一般避難所、福祉避難所、医療救護所の整備、防災訓練および災害図上訓練、災害時におけるタイムラインにもとづく避難行動に取り組むべきである。

　一方、国民保護計画は「武力攻撃事態等における国民の保護のための措置に関する法律（国民保護法）」にもとづき都道府県や市町村および指定行政・公共機関[54]が策定するもので、国家緊急事態の際、政府は J-ALERT（全国瞬時警報システム）を活用したり、メディアを通じたりして国民に在宅避難や屋外避難などの情報を伝達する。総務部や危機管理室、市民局（部）、消防局、警察本部・署、医療機関、日赤などと福祉局（部）や市町村社協などとの連携が十分図られていないため、これらの計画の融合により災害時においても有事と同様、被災者の捜索や救助、避難誘導、避難生活およ

図表終―④　地域防災・地域福祉と国民保護の融合

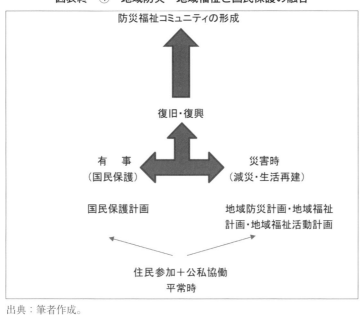

出典：筆者作成。

び生活再建の支援、インフラの復旧・復興に取り組むほか、災害の原因の究明や関係者の責任の追及、被災者の補償・賠償を行い、減災や再発防止に全力をあげ、防災福祉コミュニティを形成することが必要である。

　また、国民も防災・減災に努めるべく自助や互助、共助に努めるべきである（**図表終―④**）。

（5）防災福祉文化の醸成

　そして、第5は、防災福祉文化を醸成することである。

　具体的には、政府や自治体はもとより、企業・事業所、国民も自宅や学校、職場など周辺の地形や立地、地盤、建物の耐震状況、通勤・通学・通院・通所などの避難経路、商店街や老朽化したオフィスビル、タワーマンションおよびその周辺の危険個所、さらには郷土史やウェブサイト、防災アプリで過去の災害の有無をチェックすべきである[55]。また、地球温暖化にともなう気候変動による水害など気象情報をふまえた予報や予想、災害情報の選別をしたり、津や浦、磯、須、崎、川、島、瀬、江、洗、沢、谷など危険

な地名はあるか、原発や自衛隊駐屯地・演習場、在日米軍基地および原子力潜水艦寄港地があるか、確認すべきである。

さらに、市町村の地域防災計画やハザードマップ、国民保護計画を入手、有事や災害時、いずれの公民館やコミュニティセンター（コミセン）、学校、公園などが避難場所や避難所、避難タワー、福祉避難所、医療救護所に指定されているかをチェックする。また、これらの情報を周辺の住民と共有、自助および互助による有事および災害時に備えた防災、災害時の在宅避難、あるいは避難場所や避難所、津波避難タワー、福祉避難所、医療救護所、もしくは高台への避難の判断の是非、避難生活のシミュレーションを行い、防災訓練や防災キャンプ、タイムラインによる模擬訓練を繰り返して減災に努めるべきである。

そして、危険個所を自治体や社協に提起、"縦割り行政"や前例踏襲主義、問題先送り、お役所仕事、対処療法のため希薄となっている公助を強化し、公的責任としての政府および自治体の公助の責務を追及するとともに、自助や互助、共助にも努め、防災福祉コミュニティ形成のため、防災福祉文化を

写真終―⑨　防災福祉文化として伝承したい震災記念碑

東日本大震災の被災地、仙台市の荒浜にて

醸成する[56]。とくに過去の震災記念碑や震災遺構は先人たちの防災福祉文化の伝承であるため、その存在には注意を払い、風化させないよう、防災福祉文化として調査、その存在を広報・啓発し、風化の防止に努めるべきである（**写真終─⑨**）。

●❸●　防災福祉国家・防災福祉世界への地平

（1）防災福祉教育の推進

　最後に、この国の防災福祉国家への地平を拓（ひら）くため、政府や自治体、企業・事業所、国民はどのような取り組みが必要か、提起して結びとしたい。

　第1は、関係者が一丸となって防災福祉教育を推進すべきである。なぜなら、いくら政府や自治体がその気になっても、国民が各家庭や学校、地域、企業・事業所において防災教育を学び、防災福祉文化を醸成して防災・減災に努めなければ「絵にかいた餅」に終わってしまうからである。

　そこで、まず家庭教育では家族で自宅の住所地の地盤は強固か、戸建住宅、アパートやマンションの築年数はどれくらいで新耐震基準を満たした耐震性はどうか、住宅地図や設計図、不動産登記簿、市町村の地域防災計画、ハザードマップ、国土交通省国土地理院のウェブサイトも活用、過去の災害や活断層、火山、原発の有無および国民保護計画により災害の危険度をチェックする。また、災害時の避難経路や一時避難場所、避難所、防災備蓄倉庫、災害用井戸を確認したり、見学したりしてそこが本当に安全か、家族や友人、知人と現地を確認すべきである。そのうえで、有事や災害時、家族の消息の連絡方法や集合場所を決める。同時に、食料や飲料水などの防災用品や預貯金通帳、保険証、お薬手帳、年金手帳・証書、マイナンバー通知証、自動車運転免許証、不動産登記簿、位牌（いはい）、過去帳などについて、だれが責任をもって携行して避難するかを決めておく。また、連休や夏休みに自宅の庭や公園、広場、キャンプ場でキャンピングカーなどマイカーや簡易テント、ダンボール箱を活用して防災キャンプ、あるいはタイムラインによる避難行動や避難生活の模擬訓練を行うべきである[57]。

　次に、学校教育では文部科学省、または都道府県、市町村教育委員会の主導のもと、小・中学校の義務教育や高等学校、専修（専門）学校、高等専門

写真終—⑩　学校ぐるみで防災に取り組む小学校

静岡県焼津市にて

　学校の一般の授業、放課後のクラブ活動で所在地の地震や津波、洪水、台風、火山噴火、原発などの危険度や避難経路、一時避難場所、避難所、個々の家庭との連絡方法などのマニュアルを作成、児童生徒の家庭との情報の共有を図り、教室や体育館、校庭を利用して定期的に避難訓練を実施する。また、短期大学や大学でも大学当局と教職員、学生自治会、各種クラブ活動団体が一体となり、有事や災害時におけるタイムラインや避難所の運営などのマニュアルを作成、地元の自治体や町内会や自治会、自主防災組織、消防団、消防署の支援により安全、かつ迅速に避難できるよう、防災・減災に努めるべきである（**写真終—⑩**）。

　これに対し、社会教育では市町村教育委員会や教育委員、町内会、自治会、住民・市民の有志により公民館やコミュニティセンターで防災に関わる講演会や講座、ワークショップ、シンポジウム、防災ウォッチング、防災キャンプを通じて被災者の体験談を聞いたり、地域防災計画やハザードマップ、国民保護計画を教材に、災害の危険度や有事、災害時の食料・飲料水などの防災備蓄倉庫、広場や公園、学校の簡易トイレの整備状況について情報

共有する。また、災害時の避難経路や一時避難場所、避難所の位置、避難訓練、災害図上訓練、防災キャンプ、タイムラインによる避難行動を実施すべきである。

　一方、企業教育では経団連や日本商工会議所（日商）、経済同友会が中心となり、加盟する企業・事業所はもとより、生活協同組合（生協）や農業協同組合（JA：農協）、漁業組合（漁協）、森林組合、各種 NPO も有事や災害時、当該事業の損害を最小限に抑え、中核となる事業継続、あるいは早期復旧を可能とすべく事業継続計画を点検、従業員や職員、家族との情報共有を図る。また、東京都港区の六本木ヒルズのように食料や飲料水の備蓄はもとより、緊急避難用ベッドなど各種防災用品の常備、それも従業員や職員、家族だけでなく、帰宅難民などの被災者の受け入れのための避難協力ビルとして提供する。このほか、減災のため、従業員や職員の役割分担および医師、看護師、保健師、ケアマネジャー、社会福祉士、介護福祉士、理学療法士、薬剤師、栄養士など多職種連携による被災者の救助やケア、生活再建のための支援、被災地への寄附金や支援金、支援物資の支給、災害ボランティアの派遣を通じ、被災者の生活再建や復旧・復興を支援すべきである。

（2）防災福祉コミュニティの広域化

　第 2 は、防災福祉コミュニティの広域化を図ることである。なぜなら、大規模で広域な災害が発生した場合、避難所が満員となって収容できなくなるからである。

　一部の自治体は地域防災計画の策定を通じ、近隣や後方の自治体間との間で災害時相互応援協定や受援協定を締結しているものの、2019年 3 月現在、市町村間では1457、大都市間では東京都と20の政令指定都市、都道府県では26に満たず、かついずれも当地の災害時、救援・救急隊員の派遣や支援物資の供給、搬送の協力などを通じた縁で各種協定を締結したものがほとんどで、大規模災害の際の広域避難に備えたものではない。2019年の台風19号の際、首都圏の避難所では被災者が殺到、収容しきれなくなり、行き場を失った被災者はやむを得ず近隣の家族や友人宅に身を寄せたり、自治体が用意したバスで広域避難したりしたところもあった。

　そこで、このようなことがないよう、被災者の受け入れや緊急輸送道路の

図表終―⑤　防災福祉コミュニティの広域化

狭　域　災　害	＋	大規模災害・広域災害
↑		↑
近隣支援		広域支援
（後方支援）		
近隣市議会議長会・近隣町村会		周辺知事会・都道府県議会議長会・市長会・市議会議長会・町村議会議長会

出典：筆者作成。

確保などに努めるべく地方自治法第263条の２[58]にもとづき、全国知事会をはじめ、全国都道府県議会議長会、全国市長会、全国市議会議長会、全国町村会、全国町村議会議長会が率先して関係自治体間で災害時相互応援協定および受援協定を締結、タイムラインによる避難行動や後方支援、広域支援に努め、防災福祉コミュニティの広域化を図り、住民の交流も併せ、有事および大規模災害や「広域災害」に備えるべきである（**図表終―⑤**）。

　この点、東日本大震災の際、内陸部でほとんど被災しなかった岩手県遠野市では、地元のNPO遠野まごころネットが同市社協など関係機関と連絡・調整し、海岸部である同県宮古、釜石、陸前高田、大船渡各市など三陸地方の被災地に対し、全国から寄せられた支援物資の仕分けや搬入、災害ボランティアの派遣のため、後方支援したシステムは「遠野モデル」として注目される。

　また、鳥取県智頭町は「疎開保険」と銘打ち、１人コース年１万円、ファミリー２人コース同１万5000円、ファミリー３人コース同２万円の３つのプランを公募し、災害時、地元の民家で１日３食、最長７日間にわたり仮住まいを提供、避難生活を保証するプランを打ち出している。災害がなかった場合は年１回、地元の米や野菜、味噌、漬物、もち、酒、工芸品・藍染めなどの特産品を返礼するものだが、こちらも大きな反響を呼んでいる。

　このような様々なアイディアを互いに出し合い、地産地消および地産"他消"などの創意工夫をすべきである。

（3）防災福祉先進国との共生

　第3は、防災福祉先進国との共生を推進することである。なぜなら、スイスは有事を想定した総合安全保障、あるいは「民間防衛」にもとづき「永世中立国」として専守防衛と人道援助による平和外交をベースに災害対策を連邦政府の主導および官民一体で取り組んでおり、参考にすべき点が山ほどあるからである[59]。

　そこで、このような事情について海外視察し、日本が学ぶべき点に関する調査研究を、政府主導で行うべきである。また、自治体も職員を現地に派遣し、調査研究を通じて地域に密着した災害対策を講ずるべきである。

　もっとも、この場合、重要なのはこれらの先進事例やその評価について報告書をまとめ、所属する会派の委員会や部会、諮問した各種審議委員会に報告したり、記者会見で発表したり、ウェブサイトに配信したりすることである。また、普段の議員活動や選挙運動、消防、警察、自衛隊、福祉、医療など関係機関や一般国民、地元住民、および町内会、自治会、自主防災組織、さらには防災科学や社会保障・社会福祉などの研究者と情報を共有、その専門的な知見のもと、日本の国勢や地勢、災害の危険度と併せて比較検討し、現行の地域防災計画、地域福祉計画、地域福祉活動計画および国民保護計画に照らし合わせ、必要個所を見直し、よりきめ細かい計画に改定、防災訓練を繰り返して国や地域をあげて取り組む。そのうえで防災福祉先進国と共生することである。

（4）防災福祉国家の建設

　第4は、防災福祉国家を樹立することである。なぜなら、当該地域における防災福祉コミュニティの広域化にとどまるのであれば、国家としての有事、災害時における国土の維持や防衛、減災に拡充されないからである。

　そこで、国民が日本国憲法の三大原則である国民主権、基本的人権の尊重、平和主義の重要性を再確認し、政府および自治体による公的責任としての公助として有事、災害対策への取り組みを注視する。また、自助、互助、さらには被災地への災害ボランティアの派遣・協力や寄附金・支援金、支援物資の支給などの共助にも努め、官民一体となって有事、災害対策に取り組み、政府および自治体の公的責任としての公助をベースとした国民・住民の

　自助、互助、さらには共助からなるベストミックスによる防災福祉コミュニティの形成、そして、防災福祉国家の建設に歩み出すべきである。

　敗戦後、短期間で高度経済成長を遂げ、欧米の先進諸国をして奇跡といわしめ、かつ勤勉実直な国民性をして GDP をアメリカ、中国に次いで第 3 位を死守たらしめている日本が、住民参加にもとづく公私協働による防災福祉コミュニティの形成から防災福祉国家の建設へと止揚することは容易なはずで、消費税など税金や社会保険料収入の財源の調整を断行するとともに、国民生活を最優先した集権国家から分権国家への転換、さらには専守防衛と人道援助による永世中立のための平和外交に徹すべきである。

　一方、主権者たる国民もまた、お上意識、お任せ民主主義から脱却、自治と連帯によって参加型民主主義に転換して共生し、明治維新以来の国家統治としてのソーシャルガバメントから国民統治のソーシャルガバナンスへと推進、防災福祉国家への地平を拓きたい[60]。その意味でも国民一人ひとりが国民主権を自覚、政治への参加による防災福祉国家を建設すべきである。

（5）防災福祉世界への貢献

　そして、最後に第 5 は、防災福祉世界に貢献することである。なぜなら、スイスに倣い、日本も有事、災害時における防災福祉コミュニティの形成、ひいては防災福祉国家の建設に努め、かつ防災福祉世界へと普遍化しなければ有事および複数の国や地域に及ぶ大規模災害に対応できず、災害危険度の高い国や地域は旧態依然として有事、災害時における国土の維持や防衛、防災・減災とはならないからである。

　参考まで、ジュネーブに置かれているジュネーブ軍縮会議は1963年に部分的核実験禁止条約（Partial Test Ban Treaty：PTBT）、1968年に核不拡散条約（Treaty on the Non-Proliferation of Nuclear Weapons：NPT）、1972年に生物兵器禁止条約（Biological and Toxin Weapons Convention：BWC）、1977年に環境破壊兵器禁止条約、1992年に化学兵器禁止条約（Chemical Weapons Convention：CWC）を締結し、その後、核戦争や宇宙における軍備拡張（軍拡）の防止、非核兵器国に対する安全保障の供与、放射性兵器等新型大量破壊兵器、包括的軍縮計画、軍備の透明性など当面の国際社会における課題について協議を進めている。また、災害対策では、国際的な防災戦

写真終―⑪　政治への参加は国民主権の原点

仙台市での国連市民防災世界会議にて

略について議論する国連国際防災戦略（ISDR）が市民防災世界会議（World Conference on Disaster Risk Reduction：WCDRR）をほぼ10年に1回の割合で各国で開催、日本では1994-2015年、横浜、神戸、仙台市で開催、防災福祉国家建設への取り組みに着手しつつあり、災害大国・日本としての使命は大きい[61]（**写真終―⑪**）。

　いずれにしても、日本は1972年、沖縄返還協定の付帯決議として「非核兵器ならびに沖縄米軍基地縮小に関する決議」を議決する際、故佐藤首相はアメリカの核抑止力に依存しながらも「核兵器をもたず、造らず、持ち込ませず」を旨とした非核三原則を国是とし、1974年、その功績でノーベル平和賞を受賞した。にもかかわらず、戦後約75年経た今なお戦後処理などの一環として「日本国とアメリカ合衆国との間の相互協力及び安全保障条約（日米安全保障条約）」や「日本国とアメリカ合衆国との間の相互協力及び安全保障条約第6条に基づく施設及び区域並びに日本国における合衆国軍隊の地位に関する協定（日米地位協定）」からなるアメリカとの軍事同盟を継続、中国やロシア、北朝鮮などと対峙している。

　この日米軍事同盟を廃棄して「永世中立国」を表明、いずれの国や地域とも対等平等で、かつ専守防衛と人道援助による平和外交に努めるとともに、災害対策においてもその先進的な取り組みを通じて得るであろう課題について提起すべく情報共有に努め、防災福祉世界への止揚のため、国際貢献すべきである。

　それはまた、以下に示す日本国憲法の前文に叶（かな）うものである。

　「日本国民は、恒久の平和を念願し、人間相互の関係を支配する崇高な理想を深く自覚するのであつて、平和を愛する諸国民の公正と信義に信頼して、われらの安全と生存を保持しようと決意した。われらは、平和を維持し、専制と隷従圧迫と偏狭を地上から永遠に除去しようと努めてゐる国際社会において、名誉ある地位を占めたいと思ふ。われらは、全世界の国民が、ひとしく恐怖と欠乏から免かれ、平和のうちに生存する権利を有することを確認する。われらは、いづれの国家も、自国のことのみに専念して他国を無視してはならないのであつて、政治道徳の法則は、普遍的なものであり、この法則に従ふことは、自国の主権を維持し、他国と対等関係に立たうとする各国の責務であると信ずる。日本国民は、国家の名誉にかけ、全力をあげてこの崇高な理想と目的を達成することを誓ふ。」

　ともあれ、一部に地勢や歴史、民族、宗教、公用語、人口規模、行政体、産業、国民性、社会保障・社会福祉が異なるため、スイスと日本を国際比較するには無理があるなどという異見が聞かれるかもしれないが、それでは日本の発展はない。参考にすべき点は参考にするとともに謙虚に学び、過去を検証して現代の問題を提起し、未来を展望すべきである。そして、最終的には資本主義体制のスイスを超え、スウェーデンやデンマークなど北欧諸国にみられる社会民主主義体制へと推進、スイスをもしのぐ防災福祉先進国、さらには平和・福祉国家へと飛翔し、防災福祉世界、否、「世界連邦」の樹立のために貢献すべきである。そこに世界唯一の被爆国である日本のアイデンティティがある[62]。

１）拙著『大都市災害と防災福祉コミュニティ』大学教育出版、2018年、25ページ。

2）1ドル120円で換算。

3）「世界経済フォーラム（World Economic Forum：WEF）」2019年。

4）ただし、2020年2−4月の新型コロナウイルス感染で当初の予測よりも大幅に減少する見込み。

5）OECD（経済開発機構）HP、2020年。

6）国連「世界幸福度ランキング」HP、2019年。

7）財務省HP、2019年。

8）思いやり予算を定める特別協定は2021年3月までだが、今後、数倍も要求される情勢。

9）「朝日新聞」2020年2月4日付。

10）拙著『脱・限界集落はスイスに学べ』農文協、2016年。

11）会計検査院の決算検査報告によると、2018年度は経済産業、財務、農林水産、防衛、外務各省で335件、約1002億円。

12）村落共同体の基礎となる「ムラ」。行政村は「ソン」と別称。

13）東京都特別区の23区を加えれば1724。拙編著『市町村合併と地域福祉』ミネルヴァ書房、2007年。

14）拙著『大都市災害と防災福祉コミュニティ』大学教育出版、2018年。

15）消費税率は2020年4月現在、10％だが、経済界は2018年度、約463兆円（金融、保険業を除く）もの内部留保の放出にはふれず、近い将来、20％に引き上げるべき旨を進言。

16）財務省HP、2020年。潜在的国民負担率は49.1％。

17）自営業・自由業者は国民年金のみのため、国民年金基金や個人型確定拠出年金、個人年金に加入しても被用者の企業年金や個人年金の総額には及ばない。

18）65歳以上の高齢者どうしの夫婦、または兄弟姉妹などが在宅で介護にあたる生活形態。

19）65歳以上の軽度の認知症高齢者が65歳以上の重度の認知症配偶者や兄弟姉妹などを在宅で介護にあたる生活形態。

20）おおむね1万年以内に噴火、または活発な噴気活動がある火山。火山のうち、約260万-1万年前、噴火したもの。

21）「朝日新聞」2020年2月17日付。

22）拙著『大都市災害と防災福祉コミュニティ』大学教育出版、2018年など。

23）「東京新聞」2019年8月10日付。

24）「朝日新聞」2018年10月29日付、同12月24日付。

25）「朝日新聞」2020年1月25、28日付によると、政府は防災・減災のため、官公庁舎の高台移転を推奨しているが、静岡、焼津両市は南海トラフ巨大地震による津波のおそれがある現在地での庁舎の改築を予定しており、住民の反対の声が上っている。また、海抜ゼロメートル地帯の東京都足立、江東、墨田、葛飾、江戸川区も広域避難を見送っている有様。

26）「朝日新聞」2020年1月13日付および2020年3月6日付によると、阪神・淡路大震災の被災者の貸付金計約1325億円のうち、53億円が未返済、また、東日本大震災の被災者も9都県で約524億円にのぼる災害援護資金のうち、全体の約3割が滞納。

27）「朝日新聞」2019年5月24日付によると、無電柱化はパリやロンドンは各100％だが、東京都区部は8％。スイスなどヨーロッパの都市部や山岳部ではない。

28）火山ガスだけが噴出している状態。火山ガスやマグマ、岩石、火山灰などが噴出する活動は噴火活動。

29）前出『地域福祉源流の真実と防災福祉コミュニティ』。

30）海上保安庁HP、2019年。

31）フィンランドでは岩盤の離島の地下約420mに厚さ5センチの巨大空間に原発2基の使用済み核燃料などを10万年保管中。

32）「朝日新聞」2019年12月17日付ほか。

33）2019年12月現在、うち2基は廃炉中。

34）「朝日新聞」2020年2月8日付。

35）「朝日新聞」2019年11月22日付ほか。

36）労働基本権のうちの団結権、団体交渉権、団体行動権の総称。同法第28条。

37）「朝日新聞」2018年11月29日付によると、分譲マンションは2017年末現在、全国に約644万戸あるが、うち築40年超は73万戸、10年後には185万戸に急増する見込み。

38）東日本大震災の際、池袋、新宿区などのタワマンは最大1.08mの振幅で13分間揺れ、立っていられなかった。

39）「朝日新聞」2019年8月2日付などによると、2018年度の風水害への保険金支払額は過去最高の約1兆6000億円に達したため、2018年10月、火災保険の保険料を値上げした。

40）2019年の台風19号の際、台東区は区民対象外としてホームレスの受け入れを拒否した。

41）日本国憲法第25条第1項「すべて国民は、健康で文化的な最低限度の生活を営む権利を有する」。

42）国土形成計画法にもとづき国土の自然的条件を考慮して日本の経済、社会、文化などに関し、国土の利用や整備、保全を推進する総合的、かつ基本的な計画。

43）災害対策基本法にもとづき各自治体が当該の防災会議に諮り、防災に必要な業務などを策定する計画。

44）藩の扶助（公助）をベースに領民の自助・互助からなる実践理論。前出『地域福祉源流の真実と防災福祉コミュニティ』。

45）「朝日新聞」2019年11月14日付。

46）アメリカでは大規模災害後、今後の災害対応などの事後検証を行う旨法制化。

47）1978年のM7.4の宮城県沖地震により仙台市で7人がブロック塀の下敷きになって圧死したが、2018年の大阪北部地震でも同様に2人が死亡、悲劇が繰り返されている。

48）最大300万円にすぎない。

49）前出『防災福祉コミュニティ形成のために　実践編』。

50）前出『地域福祉源流の真実と防災福祉コミュニティ』、『地方災害と防災福祉コミュニティ』『大都市災害と防災福祉コミュニティ』『防災福祉コミュニティ形成のために　実践編』各大学教育出版、2018年、前出『防災福祉のまちづくり』。

51）2021年3月に廃止、翌4月、新たな組織に改編の予定。

52）各種災害に関わる専門的な知識や技術を有し、防災や災害時の初動や避難誘導、人命救助、復旧・復興などのリーダとして一般社団法人教育システム支援機構が認定した者。

53）前出『防災福祉のまちづくり』。

54）中央省庁や独立行政法人、日本銀行、日赤、日本放送協会（NHK）、電気・ガス・輸送・通信など公益的事業を営む法人。

55）国土地理院は遅まきながら2019年6月、過去の自然災害を記録した石碑や供養塔を地形図に記載することになった。

56）前出『防災福祉のまちづくり』、『防災福祉コミュニティ形成のために　実践編』。

57）前出『防災福祉コミュニティ形成のために　実践編』。

58）「普通地方公共団体は、議会の議決を経て、その利益を代表する全国的な公益法人に委託することにより、他の普通地方公共団体と共同して、火災、水災、震災その他の災害に因る財産の損害に対する相互救済事業を行うことができる。」

59）前出『防災福祉のまちづくり』。

60）前出『地域福祉とソーシャルガバナンス』。

61）2015年、仙台市で開催された国連防災世界会議では延べ187ヶ国・6500人以上が参加（主催者調べ）。

62）拙稿「「世界連邦」の樹立と日本のありよう」岡伸一・原島博編著『新　世界の社会福祉 ⑫』旬報社、2020年、310-321ページ。

おわりに

▼

　世界の関係機関の様々な調査によると、日本人が移住したい国としてスイスは必ずといっていいほどベスト10に入る。その理由として治安がよく、景観がすばらしいことが挙げられている。

　しかし、スイスは北欧諸国並みに物価が高く、ゲルマン民族の血を引くだけに、大和民族などを主とする日本人が単にアルプス山脈や中世の家並みなどの景観へのあこがれなどだけでスイスへ移住することは困難である。この20年以上にわたる現地の調査を機に知り合ったスイス人と国際結婚した日本人女性のほとんどは、夫を見送ったあと日本に帰国して老後を過ごしたいと異口同音に話している。

　しかも、国際結婚後、スイスで新たな生活に入ったものの、国内の大学を卒業しなければ正規雇用は困難なため、ドイツ語などを習得しながら現地の大学へ入学し直している。もっとも、卒業後、何らかの職業に就けば単身で600万円、共働きであれば1000万円の年収は固いうえ、かつ2012年3月に日本とスイスとの間で社会保障協定が締結、発効されているため、それまで日本で加入して保険料を納めてきた年金や医療、介護などの社会保険はスイスで加入する社会保険と加入期間が加算され、心配はない。

　また、公共交通機関などインフラも充実しているため、マイカーは不要である。しかも、日本と異なり、自然災害がほとんどないうえ、有事への備えはイスラエル国（イスラエル）と並んで世界一で、かつ国民の自治と連帯にもとづく分権国家、および「永世中立国」で専守防衛と人道援助に徹しているため、国民はもとより、企業・事業所の社会貢献活動も活発で、生活は日本よりも豊かである。

　この点、日本は第二次世界大戦後、約75年にわたり一貫して対米従属および大地主と大企業の利益誘導の政治・経済体制のもと、有史以来、各地で頻繁に繰り返される自然災害に対し、旧態依然とした対処療法であるばかりか、東京電力福島第一原発事故後、9年経ったにもかかわらず、被災者の賠償や補償、汚染物質の処分も責任者の追及もされないままである。

また、肝心の政治も第二次世界大戦中、旧日本軍（陸海軍）の最高統帥機関、大本営が国民に向けて発表した戦況に関する情報、すなわち、大本営発表もしかりで、2019年度末現在、総額約1120兆円もの借金を抱えながらも赤字国債を乱発し、社会保障給付費を抑制する半面、土建型公共事業を推進、東京一極集中と地方切り捨て、防災・減災、有事の危機管理の不十分さのまま東京五輪や2025年の大阪万博の開催、北陸、長崎両新幹線の延伸などにうつつを抜かしている。しかも、「社会の公器」であるべき公共放送をはじめ、多くのメディアも研究者もこれに異議を唱えず、国民の政治への関心も脆弱である。このような"平和ボケ"の日本と比べれば、スイスではさぞ充実した人生を送ることができるであろう。

　しかし、そのスイスも所詮は資本主義体制の国であり、北欧諸国に比べれば社会保障など福祉のレベルは落ちる。また、専守防衛と人道支援を国是とし、災害時には政治や宗教を問わず、世界のどこへでも被災した国を支援しており、有事に備えては、核兵器は保有しないものの、国民皆兵の武装中立により国をあげて敵国に反撃する態勢を敷いているとはいえ、軍事力は「グローバル・ファイヤーパワー（Global Firepower：GF）の「2018年軍事力ランキング」では第33位にとどまっている。この点、日本はアメリカ、ロシア、中国、インド、フランス、イギリス、韓国に次いで第6位であり、じつはトップのアメリカなどに次ぐ世界に冠たる軍事大国である。

　一方、スイスは政治・経済面ではEUに加盟しておらず、隣国のドイツやフランス、イタリアなどはもとより、ヨーロッパ各国から嫌われている。また、いまだに匿名口座を有しているため、世界の富豪や高額所得者の隠し口座となっており、問題視されている。兵器もドイツやデンマーク、サウジアラビアなどに輸出されているのもたしかである。

　この点、同じ資本主義体制でもオーストリアは非武装中立で、音楽の都、ウィーンを擁する音楽ファン憧れの国である。また、ハプスブルグ家ゆかりの宮殿や庭園など「世界遺産」も豊富で、"ミニ・フランス"の国情を自慢としている。その意味で、北欧諸国、とりわけ、オーストリアは私たち日本人だけでなく、世界の多くの人びとにとってあこがれの的である。

　本書ではこれらの国々の防災福祉の実情についてはふれていないが、GDPがアメリカ、中国に次いで世界第3位にランキングしている日本にとって、

今後、政府の主導および自治体も含めた公的責任としての公助をベースに、国民の自助と互助、さらには被災地以外の災害ボランティアや企業・事業所の共助のベストミックスによる防災福祉コミュニティの形成および広域化、さらには防災福祉国家を建設する意味で、単にスイスのプラスの面にだけ注目するのではなく、このようなマイナスの面も学び、究極的には有事および災害対策はスイス、社会保障・社会福祉は北欧諸国、また、国際社会における立場は非武装中立のオーストリアに学ぶことが最善である。それはまた、国民主権、基本的人権の尊重、平和主義を三大原則とする日本国憲法を最高法規とする世界唯一の被爆国・日本のめざすべき道と確信している。

　かくいう筆者も過去30年余りに及ぶ社会保障の調査研究だけでなく、これをふまえ、都下の自宅周辺や地域サロン、また、保養地の山荘を住民の交流の場とするとともに関係学会や各地の自治体や社協、社会福祉事業団の理事、委員会活動、講演、研修、著作活動を通じ、防災福祉コミュニティの形成および広域化、ひいては防災福祉国家の建設や世界連邦の樹立への地平を切り拓くべく実践し、少しでも社会貢献ができればと考えている。その意味で、読者諸兄姉にあっては今後もご指導とご鞭撻をいただければ幸いである。

　最後に、これまでの調査でご協力をいただいたアンナ・カタリナ・リサ議員をはじめ、アンジェロ・サイツ、ジュリグ・プルファー夫妻、ロオフ・ヴェグラー、リッチャー美津子、ドレアー美和など各氏、および東日本大震災の被災地の視察や災害ボランティアの機会を与えていただいた学校法人立命館および立命館大学校友会、武蔵野大学社会連携センターなどのご協力があればこその刊行であり、心より感謝申し上げる。また、編集作業をしていただいた旬報社編集部の真田聡一郎氏にも貴重な誌面をお借りし、深く感謝したい。

2020年陽春

社会保障学者・武蔵野大学名誉教授

川村　匡由

参考文献

1. 川村匡由『防災福祉のまちづくり』水曜社、2017年。

2. 川村匡由『脱・限界集落はスイスに学べ』農山漁村文化協会、2016年。

3. 川村匡由「スイスの防災」榛沢和彦監修『避難所づくりを活かす視点18』(別冊「地域保健」)』東京法規出版、2018年。

4. 川村匡由「スイスの山村を守る自治と暮らし」竹中工務店広報部編『approach』2020夏号、2020年。

5. 川村匡由「スイスの災害食」日本災害食学会編集『災害食の事典』朝倉書店、2020年。

6. 川村匡由『地域福祉とソーシャルガバナンス』中央法規出版、2007年。

7. アルフレート・A・ヘスラー、山下肇・山下萬里訳『ミグロの冒険-スイスの暮しを支えるミグロ生協の歩み-』岩波書店、1996年。

8. 藤岡純一・自治体問題研究所編『特集　海外の地方分権事情』(地域と自治体第2集) 自治体研究社、1995年。

9. 池永正人『チロルのアルム農業と山岳観光の共生』風間書房、2002年。

10. 田口博雄「新政策体系移行後のスイスの中山間地政策-Luzen 州および Uri 州における取り組み」法政大学地域研究センター、2008年。

11. 黒澤隆文「アルプスの孤高の小国　スイス」渡辺尚編著『ヨーロッパの発見　地域史のなかの国家と市場』有斐閣、2000年。

12. 日本貿易振興機構「スイス農業政策の改革」2013年。

13. スイス日本ライフスタイル研究会『新・わかるスイスの年金制度』2011年。

14. 野島利彰「スイスレポート」2008年。

15. Globa IBIS 編集部「永世中立国スイスにおけるシェルター普及の訳」『機能材料』2012年4月号、Vol.32、No.4。

16. 松本勝明『ヨーロッパの介護政策』ミネルヴァ書房、2011年。

17. 北野弘久「地方分権的租税国家の提唱」『地方自治職員研修』臨時増刊号 No.57、通巻420、2014年。

18. 自治体国際化協会「スイスの地方自治」2006年。

19. スイス政府編『民間防衛』原書房、1995年。

20. 小林武「スイスにおける国家緊急法制」『憲法と有事法制』(『法律時報』増

刊）日本評論社、2002年。

21. 作山巧「関税から補助金による産業保護への転換要因-スイスと日本の比較実証研究-」青山学院大学 WTO 方式センター、2011年。

22. 原耕生ブログ「スイスに学ぶ国防と防災」2013年。

23. 川村匡由『老活・終活のウソ、ホント70』大学教育出版、2019年。

24. 野嶋篤 "Journal suisso-japonsais「Gruezi」"、2016-2018年。

25. N.Gilbert and H.Specht, "Dimensions of Social Welfare Policy",1974.

26. Ricahrd Rose and Rei Shiratori, "Welfare State: East and West", Oxford University Press,1986.

27. Ps Mobil,Fahrdienst Region Ausserchwyz.kanton Schwyz.2014.

28. Bwsuchs und Begleitddiensy der Gemeinde Freienbach.kantonv Schwyz.2014.

29. Ortsplan Leukerbad Albinen Inden Varen.2014.

30. スイス公式ホームページ「スイスワールド」http://www.swissworld.org/jp/people/women/politics_today/、2018年。

31. スイス連邦政府国防・国民保護・スポーツ省ホームページ　http://www.vbs.admin.ch、2018年。

32. スイス連邦政府環境・運輸・エネルギー・通信省ホームページ　http://www.uvek.admin.ch、2018年。

33. スイス連邦政府経済・教育・研究省ホームページ　http://www.wbf.admin.ch、2018年。

34. スイス連邦政府内務省ホームページ　http://www:edi.admin.ch/、2018年。

35. スイス連邦政府財務省ホームページ　http://www:edfd.admin.ch/、2018年。

36. スイス連邦政府観光局ホームページ　http://www:myswiss.jp/、2018年。

37. スイス連邦政府社会保険局ホームページ　http://www:myswiss.jp/、2018年。

38. スイス連邦司法・警察省ホームページ　http://www:ejpd.aqdmin.ch/、2018年。

39. メールマガジン.Com「スイス情報」　http://www.swissjoho.com

40. 日本外務省ホームページ　http://www.mofa.go.jp/mofaj/、2020年。

《著者紹介》

川村　匡由（かわむら　まさよし）

1969年、立命館大学文学部卒、1999年、早稲田大学大学院人間科学研究科博士学位取得、博士（人間科学）、行政書士有資格。

現　在　武蔵野大学名誉教授（社会保障・地域福祉・防災福祉）、シニア社会学会理事、世田谷区社会福祉事業団理事。福祉デザイン研究所・地域サロン「ぷらっと」主宰。

主　著　『防災福祉のまちづくり』水曜社、『脱・限界集落はスイスに学べ』農山漁村文化協会、「スイスの防災」『避難所づくりに活かす18の視点（別冊「地域保健」）』東京法規出版、「スイスの災害食」『災害食の事典』朝倉書店、「スイスの山村を守る自治と暮らし」『approach』2020年夏号、竹中工務店広報部、「『世界連邦』の樹立と日本のありよう」『新　世界の社会福祉（第12巻）』旬報社、『地域福祉源流の真実と防災福祉コミュニティ』『地方災害と防災福祉コミュニティ』『大都市災害と防災福祉コミュニティ』『防災福祉コミュニティ形成のために　実践編』以上、大学教育出版、『地域福祉とソーシャルガバナンス』中央法規出版、『国際社会福祉論（編著）』ミネルヴァ書房ほか。

＊川村匡由のホームページ　http://www.kawamura0515.sakura.ne.jp/

166

防災福祉先進国・スイス
——災害列島・日本の歩むべき道

2020年6月30日　初版第1刷発行

著　　者	川村匡由
発 行 者	木内洋育
編集担当	真田聡一郎
発 行 所	株式会社 旬報社
	〒162-0041　東京都新宿区早稲田鶴巻町544　中川ビル4階
	TEL 03-5579-8973　FAX 03-5579-8975
	ホームページ　http://www.junposha.com/
印刷·製本	精文堂印刷株式会社